人人可做
爆款带货主播

霍文智 著

天津出版传媒集团
天津科学技术出版社

图书在版编目（CIP）数据

人人可做爆款带货主播 / 霍文智著. -- 天津 : 天津科学技术出版社, 2024. 8. -- ISBN 978-7-5742-2385-1

Ⅰ. F713.365.2

中国国家版本馆CIP数据核字第202407RT13号

人人可做爆款带货主播

RENREN KE ZUO BAOKUAN DAIHUO ZHUBO

责任编辑：刘　颖

出　　版：天津出版传媒集团
　　　　　天津科学技术出版社

地　　址：天津市西康路35号

邮　　编：300051

电　　话：（022）23332695

网　　址：www.tjkjcbs.com.cn

发　　行：新华书店经销

印　　刷：水印书香（唐山）印刷有限公司

开本 670×950　　1/16　　印张 12　　字数 130 000

2024年8月第1版第1次印刷

定价：49.80元

前言

直播星途，让你成为下一个带货新星

在全民网络时代，直播带货如同一股不可阻挡的潮流，席卷了整个电商界。在这股潮流中，无数普通人只凭一部手机、一根自拍杆，就踏上了直播带货的旅程，实现了从平凡到耀眼的华丽转变。

直播带货，不仅仅是一个关于销售的故事，更是一个关于梦想、关于机遇，关于每个不甘平庸、渴望做出一番事业的人的故事。直播带货，让每个人都有机会站在聚光灯下，成为场场直播活动的主角。

你是否曾被一些直播带货主播的成就人生的故事所吸引？你是否梦想过，自己也能像他们一样，在镜头前自信地介绍商品，吸引成千上万的观众？你是否梦想过，通过直播带货赚取人生的第一桶金？

现在，这些不再是遥不可及的梦。随着互联网技术的飞速发展，直播平台日益成熟，作为一种全新的商业模式，直播带货让销售变得个性化、生动化、互动化，让购物变得更加有乐趣。更重要的是，它为每一位有梦想、有才华、有激情的人提供了一个展示自我的舞台。

在直播带货的舞台上，你不需要有显赫的背景，不需要有雄厚的资本，你只需要有对美好生活的向往，有对成功不懈的追求，有敢于尝试的勇气。直播带货平台就是你的战场，你的知识、你的谈吐、你的努力就是你所拥有的资本。

直播带货需要你具备一定的语言表达能力，需要你对产品有深入的了解，需要你能够把握市场动态，需要你能够与观众建立良好的互动关系。但别担心，这些能力都是可以通过学习和实践来培养和提升的。

本书就是你直播带货事业的指南针、航海图，本书将带你走进直播带货的世界，为你揭示直播带货的成功秘诀，为你提供实用的策略和技巧，帮助你在直播带货的道路上少走弯路，快速成长。

本书中会告诉你如何打造个性化的主播形象，如何在众多直播平台中做出选择，如何策划吸引人的直播内容，如何运用销售心理学提高转化率，如何运用营销策略扩大影响力，等等。这些都是头部主播直播带货成功的关键技能，而本书的目的就是帮助你掌握这些关键技能。

此外，本书还特别关注了实体店主的需求。在线上线下融合的大趋势下，实体店主如何利用直播带货开辟新的销售渠道，如何将线下的优势转化为线上的竞争力，这也是书中重点讨论的内容。希望本书能够帮助实体店主找到线上线下融合的最佳路径，实现业务的转型升级。

直播带货是一项实践性极强的工作，你只有通过不断尝试和优化，才能找到最适合自己的方法。因此，本书不仅提供了丰富的理论知识，更鼓励读者将这些知识应用到实践中，通过实践来检验和完善这些理论。相信通过不断学习和进步，你将在直播带货这个充满变化的领域中立于不败之地。

直播带货是一项充满挑战的工作，但同时也是一项充满乐趣和机遇的工作。希望本书能够帮助你开启直播带货的大门，探索这个充满无限可能的新世界。无论你是新手主播，还是实体店店主，只要你有梦想、有热情、有勇气，在直播带货的道路上，你终会取得成功。

目录

第六章 直播带货的营销策略

第七章 直播进阶：从新手到专家

第八章 心态与情绪管理：主播的心理调适之道

第九章 直播伦理与法律：成为行业模范

第一章

直播起航：
揭秘带货主播的成功密码

第一节
直播带货大揭秘：新手必知的行业“内幕”

直播带货，如今已成为电商领域的热门话题。一个个直播电商平台就像一个个线上市集，只不过“摊位”是虚拟的，而每个直播带货的主播就是“摊主”。直播带货的主播通过生动的语言、丰富的表情、全面的解说，将商品的特点和使用体验呈现给镜头前的观众。观众可以随时随地通过手机观看直播。屏幕里的主播滔滔不绝地介绍商品，屏幕外的观众津津有味地观看，可随时点击链接购买商品。直播带货的魅力就在于它的娱乐性、互动性和即时性，这些特点使得直播带货成为一种高效的销售模式，也颠覆了传统的销售模式。

你可能听说过有些人通过直播带货一夜成名，有些人通过直播带货实现了财务自由……但你更需要知道的是，并不是只有网红或明星才能参与直播带货这个“游戏”，普通人同样可以在直播带货的世界里找到属于自己的位置。

那么，直播带货究竟是什么？它为何能吸引如此多的目光？

某论坛公布的2023年度网络主播年度净收入排行榜中，某主播以32.123亿元的年度净收入排名第一。

该主播原本是一个普通的搞笑博主，通过在快手平台上发布搞笑视频积累了一定的粉丝。2018年，他转战抖音，继续发布搞笑类短视频，并逐渐形成聚焦于家庭成员的搞笑短视频风格。这些短视频以夸张的表演和接地气的幽默吸引了大量观众，使他的抖音账号粉丝数量迅速增长。

在粉丝基础稳固后，该主播开始尝试直播带货。尽管初期直播间的人气并不稳定，但他很快找到了自己的直播风格——“反向带货”。他在直播间通过夸张的表演和搞笑的互动为观众提供娱乐的同时，成功地将商品推荐给观众，实现了较高的带货转化率。

随着直播带货的成功，该主播的人气和影响力进一步扩大。他不仅在抖音上取得了显著的成绩，还成立了自己的MCN（Multi-Channel Network的简称，意为多频道网络，是与内容创作者合作或直接生产各种独特内容的实体或组织，并在发布内容的网络平台上执行业务和营销功能）机构，与300名主播签约，构建了一个完整的直播带货生态系统。他的公司不仅负责直播运营，经营范围还涉及供应链服务、文化传媒、投资等多个领域，成为一个多元化的企业。

该主播的成功不仅体现在个人品牌的建立上，还体现在将个人影响力转化为商业价值上。他通过直播切片带货这一创新模式让更多人参与到直播带货中来，实现了直播内容的二次创作和传播，并为公司带来了额外收入。据报道，其公司的直播切片收益每月可达1600万元，这一模式的成功也证明了该主播在直播带货领域中较强的创新能力和领导力。

直播带货不仅为商家提供了新的销售渠道，也为普通人提供了展示才华和创业的机会。无论你是时尚达人、美食爱好者还是健身教练，只要你有一技之长，都有可能在直播带货领域展现自己的特色，吸引观众，实现变现。

对普通人来说，直播带货这项工作有哪些优势呢？

（1）零成本起步：你不需要租店面，不需要装修，甚至不需要囤货。只要你愿意，拿起手机，找个有网络的地方，就可以开始你的直播带货之旅。

（2）随时随地工作：只要有网络，你就可以在任何时间、任何地点进行直播。无论是在家里的客厅，还是在户外的草坪，只要你想，它们都能成为你直播带货的移动办公室。

（3）个性化展示：直播带货让你有机会展示自己的个性和魅力。你可以用自己的方式介绍商品，用自己独特的风格吸引观众。个性化的展示往往更能吸引观众，从而提高销售额。

（4）即时反馈，快速调整：直播过程中，观众的每一个点赞、每一条评论都是即时反馈。你可以根据这些反馈快速调整你的销售策略，如改变商品展示的方式或者调整价格等。

（5）社交互动，建立粉丝群体：直播带货不仅仅是卖商品，更是一个社交的过程。通过与观众互动，你可以建立起自己的粉丝群体。这些粉丝可能会成为你的忠实顾客，甚至帮你推广商品。

（6）灵活的工作时间：直播带货的工作时间非常灵活。你可以根据自己的生活安排来决定直播的时间，无论是白天、晚上，还是周末，都可以成为你直播的时间。

（7）收入潜力巨大：虽然直播带货在起步时可能不需要太多的投入，但是它的收入潜力是巨大的。一旦你打下良好的观众基础，并且掌握了直播带货的技巧，你的收入可能会超出你的想象。

（8）紧跟潮流，不断学习：直播带货是一个快速发展、不断推陈出新的行业，这就意味着，你要不断学习，保持自己的竞争力。

直播带货作为新兴的销售模式，为普通人提供了实现梦想的机会。只要你具备一定的语言表达能力，拥有热情，就可以尝试直播带货。通过不断学习和实践，你也可以成为一名成功的带货主播，赚取可观的收入。只要你敢于尝试，直播带货就有可能为你打开通往成功的大门。

第二节
形象定位：打造你的带货主播形象

准确定位形象是你走上直播带货成功之路的第一步。一个适合你的形象能让你在众多主播中脱颖而出，成为观众心中的独特存在。那么，如何对自己的形象进行准确定位呢？

一、了解形象定位的重要性

形象定位，简单来说，就是你的外貌、气质、言行举止等在观众心中留下的第一印象，它决定了观众是否愿意继续待在你的直播间，是否愿意相信你的推荐。

在直播带货这个竞争激烈的领域，一个独特的、能给人以较深印象的形象定位有可能让你在众多主播中脱颖而出，迅速吸引观众的注意。同时，对你的形象进行定位也有助于你建立稳定的个人品牌形象，提高带货效率，让你的直播事业更加顺利。

二、形象定位的三个角度

1 个人特质

（1）性格特点：你是活泼开朗、善于调动气氛，还是沉稳内敛、擅长深入解析？主播的性格特点会影响其直播风格，因此你的形象定位要与自己的性格相符，这样你才能在直播中更好地发挥自身所长和自己的特点。

（2）兴趣爱好：你的兴趣爱好可以成为直播内容的一部分，比如：你喜欢旅游，可以分享旅途中的趣事；你喜欢美食，可以教观众制作各种美味佳肴。这不仅能增加直播的趣味性，还能让观众感受到你的亲和力。

2 专业领域

（1）行业知识：如果你在某个方面有深厚的专业知识，比如时尚、美妆、家居等，可以将其作为你专业形象定位的一部分。你可以通过分享专业知识树立权威形象，提高观众的信任度。

（2）技能特长：如果你擅长化妆技巧、手工艺制作等，这些技能也可以成为你的独特卖点，在直播中展示你的技能、特长也可以吸引更多对其感兴趣的观众。

3 目标受众

（1）受众需求：了解你的目标受众想要什么，他们的需求决定了你的形象定位。如果你的受众主要是大学生，那么你的形象定位可以更加时尚、前卫；如果你的受众主要是家庭主妇，那么你的形象定位可以更加平实、温和。

（2）受众年龄层：不同年龄层的受众有不同的喜好和审美，对形象进行定位时需考虑这一点。比如，针对年轻人的直播，可以更加活泼、有趣；针对中年人的直播，可以更加稳重、专业。

三、形象定位须注意的事项

1 真实性

形象定位要真实反映你的个性和特点，不要为了迎合观众或市场而刻意塑造一个与自己非常不符的形象。虚假的形象难以持久，一旦被发现，会严重损害你的信誉和形象。

2 一致性

在不同平台和场合，要保持形象的一致性。这既有助于观众更好地认识你、记住你，也有助于你建立稳定的个人品牌形象。如果你的形象经常变化，会让观众感到困惑，产生不信任感。

3 可持续性

选择一个有助于你长期发展的形象定位，避免频繁改变。稳定的形象定位既有助于你积累粉丝和口碑，也有助于你在直播带货领域树立自己的品牌，形成自己的影响力。

四、不同直播带货方向的形象定位选择

1 时尚美妆

如果你擅长美妆，可以将自己定位为美妆专家或时尚达人。在分

享化妆技巧、护肤心得等内容时，你要注重自己形象的时尚感和专业度，通过展示你的专业知识和独特审美，吸引对时尚、美妆感兴趣的观众。

2 健身健康

如果你的专长是健身或健康领域，可以定位为健康生活倡导者或健身教练等。在直播中，你可以着重展现自己的活力、健康和专业性，分享健身计划、健康饮食和养生知识等内容。通过展示你的健身成果和专业知识，吸引对健身和健康生活感兴趣的观众。

3 美食烹饪

如果你热爱美食并擅长烹饪，可以定位为美食探索者或厨艺达人，可以展现你对美食的热情和对烹饪的独到见解，分享菜谱、烹饪技巧和美食文化等内容。通过展示你的厨艺和美食创意，吸引对美食感兴趣的观众。

4 科技数码

如果你对科技或数码产品有深入了解，可以定位为科技“极客”或数码达人。在直播中，你可以着重展现你的专业性和对新科技的敏锐洞察力，分享科技产品评测、使用技巧和行业资讯等内容。通过展示你的专业知识等，吸引对科技数码感兴趣的观众。

5 亲子教育

如果你关注家庭教育并有相关经验，可以定位为亲子教育专家或家庭教育顾问，分享育儿经验、亲子互动游戏和教育理念等内容。通过展示你的专业知识和亲子教育心得，吸引对家庭教育和亲子关系感兴趣的观众。

6 家居生活

如果你对家居装饰和生活方式有独到见解，可以定位为家居顾问或生活美学家，分享家居布置技巧、推荐好用的生活小物和提升生活品质的方法等。你可以展示如何通过小改变带来大不同的家居环境，或者推荐一些提升生活幸福感的好物，吸引追求美好生活的观众。

7 旅行探索

如果你热爱旅行并拥有丰富的旅行经验，可以定位为旅行达人或探险家，分享旅行体验、旅行攻略，推荐旅行必备品等。你可以通过直播带领观众“云旅行”，体验不同地方的风土人情，同时推荐和旅行相关的产品，如旅行箱等。

8 手工艺品

如果你擅长手工制作或对艺术创作有热情，可以定位为手工艺师或创意艺术家，展示你的创作过程，分享手工艺品的制作技巧以及如何选择材料等。你可以推广手工艺品的独特价值，同时推荐相关的手工材料和工具等，吸引喜欢 DIY 或艺术创作的观众。

9 书籍阅读

如果你热爱阅读并有丰富的知识，可以定位为阅读推广者或书籍评论家，推荐书籍、分享阅读心得和文学知识等。你可以通过直播讨论书中的内容，举办读书会，吸引热爱阅读、对知识有深度需求的观众。

⑩ 宠物养护

如果你有宠物护理方面的专业知识，可以定位为宠物护理专家或宠物行为训练师，分享宠物的日常护理、健康饮食和行为训练技巧等。你可以推荐宠物用品，如食品、玩具和护理工具，还可以提供专业的宠物养护建议，以吸引宠物爱好者。

⑪ 时尚穿搭

如果你对时尚、穿搭有敏锐的洞察力，可以定位为潮流先锋或时尚搭配师，分享时尚趋势、穿搭技巧和个人风格打造等内容。你可以推荐各种服饰、配饰，以吸引追求时尚的年轻观众。

第三节

选择平台的艺术：寻找最适合你的直播舞台

一个合适的平台就像一个能充分展示自己的舞台。每个平台都有其独特的魅力和规则，找到最适合你的那个，你的带货之旅就能事半功倍。

一、抖音：短视频与直播的完美结合

1 特点分析

（1）较年轻的用户群体：抖音的用户群体以年轻人为主，如果你带货的商品、品牌或你的风格较年轻化，抖音就是个好的选择。

（2）内容为王：抖音强调内容创作，有趣、有料的内容更容易吸引观众。

（3）算法推荐：抖音的算法推荐有助于你的视频或直播触达更多

潜在观众。

2 适合人群

有创意、擅长制作短视频的主播，追求个性化表达的带货新人，想要快速增加曝光度的商家等。

二、快手：接地气的带货天堂

1 特点分析

（1）用户基础广泛：快手用户覆盖面广，从一线城市到遥远的乡村，都有其用户群体。

（2）社区氛围强：快手拥有独特的社区文化，粉丝忠诚度高，有利于主播建立稳定的粉丝群体。

（3）门槛相对较低：对于新手主播来说，快手的门槛相对较低，更容易上手。

2 适合人群

擅长接地气内容的主播，有特色商品或手工艺品的商家，想要快速积累粉丝的带货新手。

三、微信视频号：社交网络的直播新宠

1 特点分析

（1）社交属性强：微信视频号依托微信这个庞大的社交网络、社交平台而存在，在这个平台上，短视频或直播的分享和传播更加便捷。

（2）私密性：微信视频号直播更注重私密性和圈子文化，适合愿

意建立“小而美”的粉丝群体的主播。

（3）商业化潜力大：微信的商业环境成熟，直播带货的转化率有不断提升的潜力。

2 适合人群

有微信社交资源的主播，想要打造品牌故事的商家，追求高品质内容的带货主播等。

四、B站：二次元聚集地与知识分享平台

1 特点分析

（1）二次元文化：B站最知名也是最重要的标签就是二次元文化，如果你的视频或直播的内容与动漫、游戏相关，B站是个合适的平台。

（2）知识分享：B站用户对知识性内容有较高需求，如果你擅长分享知识，在这个平台有可能吸引到志同道合的粉丝。

（3）弹幕互动：B站的弹幕文化可为直播增加互动性，让直播更加生动有趣。

2 适合人群

二次元文化爱好者，知识型内容创作者，喜欢通过弹幕与观众互动的年轻主播等。

五、小红书：生活方式分享平台

1 特点分析

（1）生活方式分享：小红书用户以分享生活方式的内容为主，如

果你直播的内容与美妆、旅行、美食、家居等方面有关，小红书就是个好的选择。

（2）高质量内容：小红书的用户对内容的质量要求较高，精美的图片和视频更容易吸引用户。

（3）社区氛围：小红书这个平台的氛围具有社区感，促使用户分享真实的生活体验，有助于获得用户信任和树立良好口碑。

② 适合人群

对生活品质有追求的主播，独特生活方式或经验的分享者，希望打造品牌的商家等。

六、淘宝：电商巨头的直播秀场

① 特点分析

（1）流量大：作为电商巨头，淘宝的直播平台拥有庞大的用户基础，在这个平台直播不用太担心流量。

（2）购物氛围浓厚：用户来淘宝的目的非常明确——购物，这是你在淘宝直播带货的天然优势。

（3）体系成熟：淘宝直播平台有成熟的电商体系支持，从主播直播到用户下单流程顺畅。

② 适合人群

对电商有一定了解的主播，有商品资源的商家，擅长销售和互动的带货达人等。

七、如何选择最适合你的直播平台

（1）分析目标受众：确定你直播带货的目标受众，了解目标受众更多地活跃于哪个平台。

（2）评估自身资源：分析你带货的商品、你直播的内容以及你的个人风格与哪个平台更匹配。

（3）在多个平台试水：直播初期不要局限于一个平台，可以尝试在多个平台进行直播，看哪个平台的反馈最好。

（4）观察竞争对手：看看同行业的竞争对手或自己对标的主播在哪个平台做得好，从中获取灵感。

李小姐是一位热衷于时尚穿搭的年轻女孩，她有丰富的购物经验和敏锐的时尚触觉。看到直播带货的火热趋势，她决定通过分享自己的穿搭心得和购物经验成为一名直播带货主播。

然而，面对众多直播平台，李小姐陷入了选择困境。她先是上网搜索了各个平台的介绍和用户评价，对主流平台有了一个大致的了解。随后，她结合自己的特点，对自己直播的目标受众进行了分析。

李小姐分析，自己直播的目标受众主要是年轻女性，她们对时尚和美妆有浓厚的兴趣。考虑到自己的优势在于服饰搭配和时尚解读，李小姐认为抖音这个平台可能更适合她——抖音的用户数量庞大，年轻用户占比高，而且直播这个形式能够直观地展示穿搭效果，吸引观众的眼球。

于是，李小姐决定先在抖音上进行尝试。她精心准备了几场直播，分享了自己的穿搭心得和购物经验，同时与观众进行互动，回答他们的问题。通过几场直播，李小姐逐渐摸清了抖音平台的用户喜好和互动方式，她直播的内容也越来越受观众的喜爱和认可。

随着直播次数的增加，李小姐发现抖音平台上直播的竞争也越来越激烈。为了进一步提升自己的影响力，她开始尝试与其他平台进行合作。她与快手平台上的几位时尚主播进行了联动直播，通过互相推荐和互动，扩大了自己的受众范围。同时，她还与一些电商平台进行合作，将自己的直播内容与电商业务相结合，提高了粉丝转化率。

经过一段时间的努力，李小姐在多个平台上都积累了一定的粉丝，拥有了一定的观众基础。她发现，不同平台的用户特点和互动方式有所不同，因此她在不同的平台直播时会对内容进行相应的调整。在抖音直播时，她更注重时尚穿搭的展示和互动；在快手直播时，她更注重与观众的互动和内容的娱乐性。

通过不断地尝试和调整，李小姐逐渐找到了最适合自己的直播平台。她的直播越来越受观众的喜爱和认可，她也成了一名备受瞩目的带货主播。

选择一个合适的平台，就像是为自己找到一片让自己快速成长的肥沃土壤。每个平台都有其独特的魅力和规则，有的热闹喧嚣，有的安静内敛，有的充满文艺气息，有的则有浓厚的商业氛围……关键在于，你要找到那个最能展现你个人特色、吸引目标受众、让你持续发光发热的舞台。

第四节
开播前的准备：黄金“四部曲”助你一臂之力

直播带货可不简单，不能拿起手机就开播。要想吸引观众、卖出产品，前期的准备工作一点儿都不能马虎。下面这开播前必做的四件事，都是前辈们摸索出来的实用经验，新手主播可得好好学学！

一、明确定位：找准你的直播风格

1 确定直播主题

直播就像做一顿大餐，需要有“主菜”——你的直播主题。你擅长服饰搭配还是精通美妆护肤，又或是做得一手好菜？选定了主题，你的直播就有了灵魂，观众也能一眼看出你直播的特色。

例如，你是个时尚达人，那你的直播主题可以是“每日穿搭分享”，教大家怎么搭配服饰，怎么穿出时尚感等。这样，喜欢时尚穿搭的观众就会被你吸引过来。

在选择主题时，不妨多做一些市场调研，看看目前哪些领域最受欢迎，哪些领域相对空间较大。结合自己的特长和市场需求，找到一个既能展现自己又能吸引观众的切入点。

2 设计个人形象

直播间的你就是个一小小的明星，你要有一个让人过目不忘的形象。你的穿着打扮、发型妆容，甚至直播间的背景布置，都要和你的直播主题相匹配。这样有助于观众一眼就记住你，下次还想来看你直播。

你可以在直播前多试试不同的装扮和背景，看看哪种效果最好。也可以听听身边人的建议，他们可能会给你一些意想不到的好点子。

个人形象，还包括你的言谈举止。你要找到最让自己收放自如的风格，比如：亲切、幽默或者专业，让观众在众多主播中记住你。

二、技术准备：打造专业直播间

1 硬件设备

直播设备就是你的“利器”——摄像头的分辨率要高，色彩还原度要强，也就是说，画质要好；麦克风的声音要清晰；网络要稳定。这样，观众才能看得清楚、听得明白，对你的直播也会更有好感。

市面上有很多专门用于直播的设备，比如高清摄像头、专业麦克风、手机支架等。你可以根据自己的预算和需要选择合适的设备。选择设备时，不仅要考虑价格，还要考虑设备的兼容性和易用性等。例如，摄像头是否能在你所在的直播平台使用，麦克风是否有降噪功能等。

② 软件设置

有了硬件，你还得会用软件，比如：美颜功能、弹幕设置、礼物系统等。这些都需要你提前熟悉，免得开播时手忙脚乱。

你可以在开播前多进行几场测试直播，以熟悉软件的各种功能，也可以多看看其他主播的直播，学习他们的软件设置技巧。

③ 会使用直播平台的高级功能

直播剪辑、回放管理等功能可以让你的直播更加专业。同时，了解并学会使用一些直播软件的小技巧，比如：如何快速切换镜头，如何调整直播画面等，这些都能提升直播质量。

三、内容策划：吸引并留住观众

① 制订直播流程

直播可不是随便聊天儿，要有明确的流程。从开场白到产品介绍，再到互动环节和结尾致谢，每个部分都要精心策划。这样才能让观众看得津津有味，欲罢不能。

你可以在直播前列个大纲，把每部分内容写下来。这样，直播时你才能有条不紊地介绍，不会遗漏重要内容。

内容是直播的核心。你需要准备有趣、有价值的内容来吸引观众，可以是商品背后的故事，也可以是你的个人经历，还可以是行业内的新鲜事，但这些内容一定要与直播主题相契合。

② 准备互动话题

直播需要互动，要让观众有参与感。所以，你要准备一些有趣的话题，引导观众在直播间留言、点赞、送礼物。这样，既可以提升直播间的活跃度，还可以让观众更加喜欢你。

你可以问问观众对直播间商品的看法，也可以搞一些小活动，如抽奖、答题等，让观众有机会获得一些小福利。

互动不要局限于问答，还可以让观众参与游戏，或者让观众投票决定之后的某些直播内容。这样的互动能让观众感觉自己是直播的一部分，从而提高其忠诚度。

四、市场调研：了解你的观众和对手

1 分析目标观众

要想把东西卖给观众，就要知道观众想要什么。所以你需要对你的目标观众进行分析，了解他们的性别、年龄、职业、兴趣爱好等。这样才能选出更合适的产品，或策划出更符合观众口味的直播内容。

你可以通过问卷调查、数据分析等方式来了解观众的信息，也可以在直播中多和观众互动，听听他们的意见和建议。

要对观众画像进行分析，这会帮助你更好地理解你的目标观众，了解他们的生活习惯、消费习惯，甚至是他们在社交媒体上的行为模式等。

2 分析竞品、对标直播间

知己知彼，百战不殆。要想在直播带货这个领域立足或脱颖而出，你就要了解你的竞品直播间或对标直播间，看看他们是怎么做的，有哪些优点和不足。然后你可以学习他们的优点，规避他们的不足，形成自己的特色。

你可以关注、观看一些成功主播的直播，学习他们直播的技巧和方法，但不要盲目模仿，而要找到自己的特色和风格。

在分析竞品直播间或对标直播间的同时，你要思考如何在内容、风格、互动方式等方面与其区分开来——差异化是吸引观众的关键。

总之，直播带货看似简单，实则需要精心准备。不妨按照上述的开播黄金“四部曲”的顺序开启你的直播之旅。当然，每个人的情况都不一样，你可以根据自己的实际情况进行调整和优化。每个成功的主播背后都经历过无数次的调整，而每一次直播都是你的一次成长的机会。

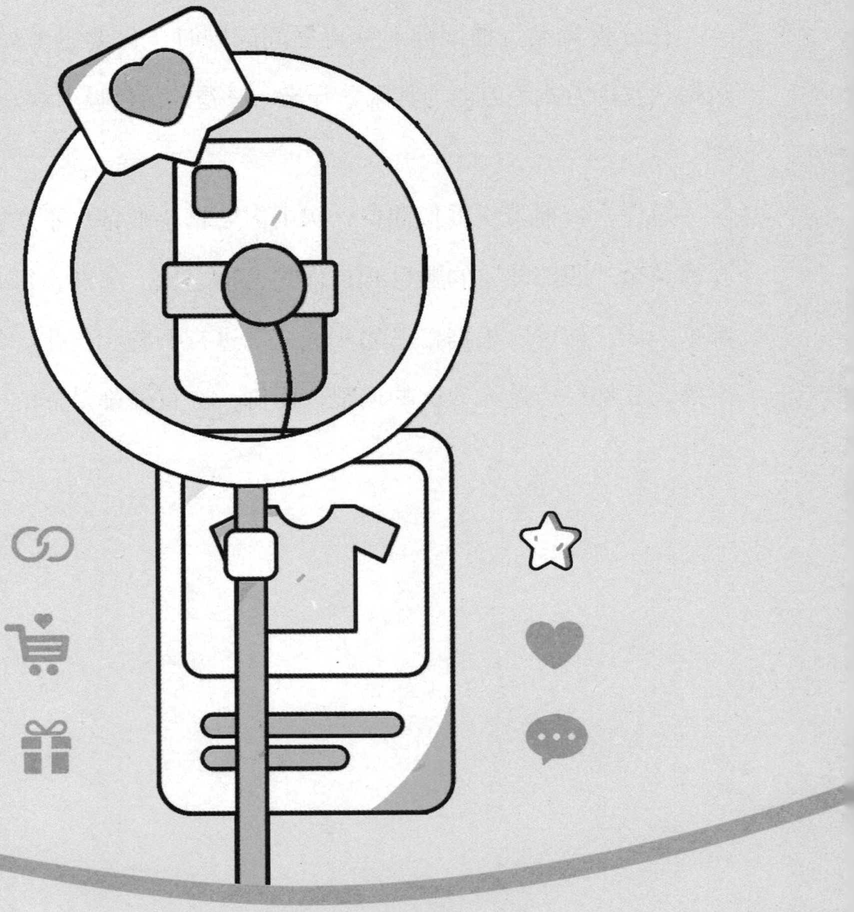

第二章

魅力塑造：打造你的直播帝国

第一节
个性魅力：如何塑造独一无二的主播形象

作为一个普通人，你没有专业的团队为自己包装，没有大把的钞票为直播间投流（付费推广），但你有一样最宝贵的东西——真实的个性。每个人都有自己的闪光点和特色，关键在于你怎么去挖掘、利用它们，把自己塑造成一个独一无二的主播，让观众们一眼就记住你，喜欢上你。

一、设计独特的直播的标识，建立品牌形象

直播的标识就像你的名片，是观众认识你的第一步。一个好的直播标识不仅能让人一眼就记住你，还能提升你的个人品牌形象。

1 昵称

首先，你要给自己起一个好听又好记的昵称，昵称要简短且易于

发音，以便观众更容易记住和搜索。这个昵称最好和你的直播内容或个人特点有关，“领域相关词语 + 简单有趣的称谓”会使人印象深刻，比如：你是个健身主播，昵称可以叫“极限健身小王”；你是个美食主播，昵称可以叫“疯狂吃货赵大嘴”。

其次，要确保你的昵称不会误导观众。如果你的昵称让人误以为你是某个领域的专家，但实际上并非如此，这可能会损害你的信誉。此外，在确定昵称前，要确认该昵称在各大直播平台和社交媒体上未被使用，还要避免昵称侵犯他人的商标权或版权，避免使用知名品牌或知名主播的名字。在多个平台直播时，你的昵称要保持一致。

2 头像和背景

头像最好是用自己的照片，或是按照你自己的形象设计出来的卡通形象，这样观众才能更好地认出你。背景板可以设计得简洁大方一些，上面可以呈现你的昵称、直播时间等信息，如果你专门为某个品牌带货，背景板也可以呈现该品牌或商品的信息，方便观众了解你的直播内容。

这些标识设计好之后，在每次直播时都要保持一致，这样观众就能快速认出你，也能加深他们对你的印象。

实体店店主在线上进行直播带货时，则要在自己的昵称里体现出来店名或品牌名称，头像要用自己实体店或品牌的标识，背景最好用自己的店铺实景。

二、挖掘、发挥个人特点，形成独属自己的直播风格

每个人都有自己的特点，直播时，主播的个人特点是他（她）吸引观众、留住观众的法宝。

首先，你要好好琢磨一下，自己在哪些方面是与众不同的。你是天生就有幽默感，能让观众捧腹大笑？还是对某个领域的专业知识特别了解，能分享很多干货？或是你的声音特别好听，让人听起来很舒服？选取两、三个最能代表你性格特点的标签，并在直播中不断强化这些标签，形成独属自己的直播风格。如果你是个活泼开朗的人，且声音很好听，那么直播时你可以选择轻松、愉快的聊天儿方式，让观众喜欢听你说话，觉得在你的直播间心情很放松；如果你觉得自己很幽默，在直播时可以多讲点儿段子，让观众觉得在你的直播间感到很快乐；如果你对某个领域的专业知识很了解，那就多分享一些相关知识，让观众觉得在你的直播间能有额外收获……总之，直播风格，就是你个人特点、个人气质的呈现，是在直播中呈现给观众的独特魅力。

其次，要根据自己的风格、特点，在直播间营造出与之相匹配的氛围。如果你的直播风格是温馨、疗愈的，你讲话总是温言细语的，则可以在直播间里播放一些舒缓的音乐，在背景板上挂一些清新或可爱的装饰品；如果你的直播风格是活泼、欢乐的，那么直播间的氛围可以搞得像舞厅一样灯光炫酷。

只要你的直播有独属于自己的风格，那么，观众在进入你的直播间后就能感受到你的独特魅力，进而喜欢看你直播。

小张是一家书店的老板，他的店铺位于城市的一角，充满书香，氛围温馨。小张有一颗热爱阅读和分享的心，他决定利用自己的书店开启直播之旅。

小张对书中的内容有独到的见解，总能从书中提炼出深刻的人生哲理，他决定将这一特点融入直播中。每次直播，他都会分享一本书，并结合自己的经历和感悟与观众进行深入的交流。

小张为自己的直播取了个昵称——“书海导航”，这个昵称既体现了他的职业特点，又暗示了他能带领观众在书海中找到方向。他用于直播的头像是一张自己在书店中认真阅读的照片，背景则是书店的一角，充满了文艺气息。直播间有书架、暖色调的灯光，营造出一种安静而舒适的阅读氛围，让观众在观看直播的同时，也能感受到阅读的愉悦感。这样的直播标识设计让观众一眼就能了解他的专长和特点。

小张直播的风格既温馨、平和又专业，他会在柔和舒缓的背景音乐中，为观众介绍书籍，分享阅读心得，真诚地与观众分享自己的生活点滴，比如：最近读到的好书、书店日常发生的趣事，甚至是他的一些小烦恼。这种真实的分享让观众感到亲切。

小张成功地将他的书店和个人魅力结合在一起，塑造了一个独一无二的主播形象。他的直播不仅吸引了爱书之人，也让他的书店在线上焕发出新的活力。

在直播中，真实是最能打动人心的。观众更喜欢看到真实、自然的主播，而不是一个刻意包装出来的形象。所以，在直播中，你要勇敢地展现真实的自我，不要去模仿别人，也不要为了迎合观众而改变自己。你的性格、爱好、经历都是你独特的财富，也是你吸引观众的魅力所在。

第二节
直播间的“时尚秀”：打造高质量直播间

要想吸引观众的眼球，直播间的布置至关重要。一个精致、有特色的直播间就像是一家装修漂亮、氛围舒适的实体店，不仅能让顾客愿意多待一会儿，还能提高顾客的购买率，提升店里的营业额。

一、室内直播间的布置要点

1 选择合适的场地

室内直播间的场地要宽敞，要让观众能一眼看到整个直播环境；光线要充足，隔音效果要好。

2 背景的设计

背景是直播间的门面，直接影响观众对直播间的第一印象。你可以根据自己直播的内容，打造与其匹配的风格，比如卖家居用品的直播间，背景中可以放些温馨的装饰品。背景要简洁大方，不要搞得花里胡哨，让人眼花缭乱。

③ 灯光与照明

灯光对直播间来说，就像化妆对于演员一样重要。直播间既要光线足够，又不能太刺眼。补光灯、柔光箱这些专业设备能打造出柔和的光线，让商品看起来更加诱人。光线还能营造出温馨的氛围，让观众更愿意留在直播间。

④ 物品的摆放与布局

布置直播间要像布置家一样用心。物品要摆放得有序却不死板，可以试着摆出一些造型，或者根据节日、季节变换布局和物品，让观众们每次都有新鲜感。同时，要留出足够的空间，方便你在直播时活动。

二、室外直播间的布置技巧

① 选址与场景

室外直播，要找个既能衬托出商品特色又安全的地方。比如：卖户外装备的，可以去山林、湖边；卖泳装的，可以去海滩。注意，天气变化无常，雨伞等防雨设备要随时携带。

② 设备与环境

室外直播，需要用防水、防尘的摄像头和麦克风，还要备上充电宝、太阳能充电器等，以确保直播不会因为电量问题而中断。此外，室外环境噪声大，可以考虑使用降噪耳机、麦克风，以让你的声音不会过大且清晰。

三、实体店店主的直播间布置建议

① 融合实体店元素

如果你是实体店店主，那么直播间就是你展示店铺的舞台。你可以在直播间里挂上店铺的招牌，或者摆放一些店里的特色商品甚至可以直接在店中直播。这样，观众就有了直观的体验。

② 展观实体店的魅力

直播间的镜头就像一位私人导购。利用好它，展示你店里的每一个角落，让观众仿佛置身其中。宽敞明亮的店面、琳琅满目的商品，这些都是你直播间的卖点，让观众感受到实体店的魅力，从而更愿意来店里消费或者在线上下单。

③ 线上线下联动

线上线下联动，是提升实体店销量的不二法门。你可以在直播间里推出专属优惠，如直播间专享折扣，或者满额赠送小礼品等。这样不仅能提升直播间的人气，还能带动实体店的销售。

电子产品测评博主小雷的直播间位于他的家中，是一个被改造成专业电子产品展示区的房间。这个房间原本是一间普通的卧室，但他通过巧妙的设计，将其改造成一个功能齐全的直播间。

小雷的直播间设计简洁，充满科技感。他用深色作为主色调，搭配银色和蓝色的装饰，他在墙壁上挂了几幅科技主题的装饰画，既有高精尖的电子产品图案，也有充满想象力的未来城市景象，让整个空间充满未来感和科技感。

灯光方面，小雷采用了专业级的照明设备。他选用冷色调灯光，通过精心布光和调控，确保产品展示区的光线充足而均匀，以使观众清晰地看到产品的细节。同时，他还利用灯光营造出一种神秘而充满探索氛围的空间，让观众仿佛置身于一个充满科技感的展览厅中。

家具和道具方面，小雷同样注重实用与美观的结合。他以一张简洁而时尚的黑色办公桌作为主播席，搭配一套高性能的电脑和专业的展示架，充分展现出他对电子产品的热爱和专业素养。他还在身后的架子上摆放了一些科技感十足的道具和模型，让整个直播间充满科技元素。

在产品展示方面，小雷也下足了功夫。他将不同品类的电子产品按照功能和特点进行分类摆放，并巧妙地利用展示架和道具进行布局和装饰。观众们在观看直播时，不仅能清晰地看到产品的外观和细节，还能够通过小雷的解说了解产品的性能和使用方法。

不管你是销售服装的时尚达人，还是销售户外装备的探险家，或是销售电子产品的“极客”，都别忘了，直播间的每一个细节都在呈现你的水平和风格。用心布置，让你的直播间成为观众愿意驻足的地方，并忍不住想要买点儿什么。毕竟，谁不喜欢在一个既舒适又有格调的地方买到自己心仪的宝贝呢？

第三节
粉丝经济：构建你的忠实粉丝团

直播带货，观众就是上帝。如果没有观众，直播间就像个没人光顾的空荡荡的摊位。粉丝就是你最忠实的观众，他们的价值是巨大的，一个忠实的粉丝团能让你的直播带货事半功倍。

一、了解粉丝的价值

粉丝不只是买你带货的商品的人，还是帮你打广告的人。他们把你的直播分享到朋友圈，他们把你的直播转到各个群，让你拥有更多观众。粉丝的点评和建议是你提升直播质量的宝典。所以，你要把粉丝当宝，用心去经营这份关系。

要想让观众成为你的“铁粉”，首先，你得让观众感受到你的真诚。你可以在直播中多讲讲自己的故事，让观众了解你，感受到你的真诚。这样，他们才会更愿意和你建立起情感联结。其次，你要持续不断地为观众提供高质量的内容和贴心的服务。

二、定阶段性目标

想拥有更多粉丝，你要制订阶段性目标。比如，刚开始直播带货时，要想让更多的人知道你的直播间，你就得多直播，提高曝光率；待人气上升后，你要考虑怎么让观众更活跃，多参与直播；你的最终目标是有一群数量众多的“铁粉”，他们不仅购买商品，还为你做广告、创口碑，让你的直播带货之路越走越稳。

设定目标时，你要考虑到自己的资源和能力。比如，初期可以通过亲朋好友的转发来提高直播间的曝光率；中期可以通过设置互动环节来提高观众的参与度；后期则可以通过持续提供优质内容和良好服务使粉丝一直追随自己。每个阶段的目标都应该具体、可衡量，这样才能更好地评估你的进展，并根据实际情况进行调整。

三、与观众互动

1 直播中的互动

直播时，你别只顾着带货，要多和观众聊聊天儿。看到有观众进入直播间，就和他打个招呼，问问他今天过得怎么样；看到有趣的评论，就及时回应，让观众感受到你的热情和关注。这样，观众才会更愿意停留在你的直播间，和你产生更深的联系。

在直播中，你可以设置一些互动环节，比如，鼓励观众提问，然后你现场回答。这样不仅能增加直播的趣味性，还能让观众感受到自己的声音被听到。此外，你还可以设置一些小游戏，比如，第一个猜对价格的观众可以获得小礼物，这样的小激励会让观众更加积极参与，还能提高粉丝的转化率。

2 社交媒体的运用

除了直播本身，你还可以通过其他社交媒体与粉丝进行日常互动。比如，在微信、微博等平台分享直播预告、直播前的准备工作、直播后的总结、幕后花絮，让粉丝感受到你工作的辛勤和努力；或者发布一些与直播内容相关的有趣话题等，引导粉丝进行讨论，增加粉丝的参与度；还可以发布一些你的日常生活照片或视频，让粉丝感受到你的真实生活，增加你的亲和力。让他们更加了解你，从而产生更强的归属感。

四、粉丝参与直播，让粉丝成为主角

1 在直播中设置互动环节

你可以在直播中设置一些互动环节，如问答、投票、抽奖等，让粉丝有机会参与直播。这样不仅能提高粉丝的活跃度，还能让粉丝感受到自己是被重视的。同时，你也可以更好地了解粉丝的需求和喜好，为后续的直播内容提供思路和参考。

2 粉丝专属内容

为了进一步增强粉丝的归属感，你可以为粉丝准备一些专属内容。比如，设立一个“粉丝日”，在这一天提供一些特别的优惠或者活动，只有关注你的粉丝才能参与；定期发布一些只有粉丝才能看到的特价商品、直播预告或者独家资讯。这样，粉丝会感受到被重视，觉得自己是特别的，更愿意成为你的忠实拥趸，而且这样还能激发粉丝的购买欲望和传播热情，吸引更多的观众关注你。

五、打造粉丝社区，让粉丝成为一家人

你可以拉个微信群、QQ群，给粉丝们一个家。在这里，粉丝可以畅所欲言，分享购物心得、使用体验，也可以对直播内容提出建议和意见。这些交流可以增进粉丝之间的友谊和凝聚力，让他们更加紧密地团结在一起。

粉丝群中可以定期举办一些互动活动，比如："晒单比赛"，鼓励粉丝分享自己的购买体验和使用效果，并为其提供小礼物。这样不仅能让粉丝感到自己的分享被重视，还能为其他粉丝的购买行为提供参考。同时，你可以通过这种方式收集粉丝的真实反馈，为你的直播内容和产品选择提供宝贵的信息；你可以通过这种方式发现一些潜在的"粉丝领袖"，他们可以帮助你更好地管理粉丝社区，让粉丝社区更活跃。

小张是一位新晋的直播带货主播，起初，她在直播间只是单纯地介绍产品，没有与观众进行互动。她的直播间冷冷清清，观看的人寥寥无几，销售额基本为零。

一次偶然的机会，小张在网上看到了一篇培养粉丝的重要性的文章。她意识到想要在直播带货这条路上走下去，就必须拥有自己的粉丝群体。于是，她开始改变策略，每次直

播时都会主动和进入直播间的观众打招呼，询问他们的一天过得如何，并对他们的评论进行回应。她还开始在社交媒体上分享直播预告和自己日常生活的点滴，让粉丝感受到她的真实和亲切。

虽然每次直播时观众人数并不多，但小张设立了“抽取幸运观众”这一环节，每次直播都会抽取几位幸运观众，为他们送出小礼物，这让粉丝们感到惊喜和被重视。她还创建了一个微信粉丝群，鼓励粉丝们在群里分享购物心得和生活经验等，让粉丝们互动、互帮互助，逐渐形成了温馨的社区氛围。

几个月后，小张的直播间人气逐渐上升，观众、粉丝数量有了显著增长，她直播带货的销售额也随之提高。小张还收获了一些“铁粉”，甚至和其中几位成为闺蜜，每次直播，“铁粉闺蜜”都会来直播间为她增加人气。粉丝们还会把小张的直播间和商品推荐给朋友。小张终于尝到了培养忠实粉丝带来的甜头。

说到底，直播带货就是一场与粉丝的情感互动。粉丝就是你直播带货事业的根基，你把粉丝放在心上，粉丝自然会助力你的直播。

第四节

社交网络的魔法：扩大你的影响力

作为新手主播，没有粉丝确实令人发愁。不过别担心，只要你玩转社交网络，你就会像磁铁一样把粉丝吸引过来。

一、挖挖你的朋友圈，粉丝宝藏唾手可得

你的微信朋友圈、微博关注列表、抖音的粉丝等，这些地方都藏着一大波潜在的你在直播时可能收获的粉丝。他们或许是你的亲朋好友，或许是同学、同事，总之，都是离你较近的人。

首先，你要在你使用的社交软件或你所在的社交平台中宣告：我要开直播了！比如，你可以在朋友圈发一条信息，告诉大家你的直播时间和内容，再附上一张吸引人的封面图和直播链接，这样大家就能一目了然地了解你的直播信息。别忘了加上一句“求关注、求转发”，让大家帮忙扩散一下。

其次，每次直播结束后，要把精彩片段分享到社交平台上。你可

以挑选几个有亮点的片段，编辑成短视频或以图文结合的形式，发布到微信、微博、抖音等平台。这样既能吸引那些错过直播的观众或粉丝回看，也可以让其他人对你的直播产生兴趣。

最后，记得用好标签和话题。在发布内容时，加上与直播内容相关的标签和话题，这样能让更多对该话题有兴趣的人看到你的内容，并有可能因此关注你。

二、多与粉丝互动，关系越聊越近

请记住：粉丝不是你的观众，而是你的朋友。要想让粉丝一直关注你、支持你，你就要多与粉丝互动。

首先，要及时回复粉丝的评论和私信，让粉丝感受到你的关心和重视。如果粉丝对你的直播提出了问题或建议，更要认真回复并感谢。

其次，在直播中设置一些有意思、可探讨的话题，与粉丝聊一聊，或者与粉丝“连麦”，这样既能增加粉丝的参与感，也能使粉丝产生情感联结。

此外，在直播间隙，和粉丝聊聊天儿，分享一些自己的生活近况、趣事。这样，能让粉丝感受到你的真诚，从而更加亲近并支持你。

三、找个搭档一起闯江湖，粉丝翻倍涨

单打独斗固然可以，但如果有个好搭档为自己助力，效果肯定会更好。你可以找和你风格相似或者粉丝群体重叠的主播合作，一起开直播，互相推广对方的直播间。

首先，找个合适的搭档。这个搭档可以是你的好友、同事，也可以是其他领域的主播。关键是要互相了解、信任，并且有一定的默契。

其次，与搭档一起策划一些有趣的直播内容。比如联合举办一场主题活动，进行一场 PK 赛等。这样既可以吸引双方粉丝的关注，又可以通过活动增加粉丝的互动和参与度。

你们可以在各自的社交平台上互相转发对方的直播预告和内容，或者在直播中互相介绍和推荐。这样在提高曝光度的同时，还能让双方的粉丝互相了解和支持。

四、用数据说话，更懂粉丝心

在社交网络上，数据能反映出粉丝的真实需求和喜好。要想更好地满足粉丝的需求，就得学会分析数据。

通过查看粉丝的点赞、评论和分享等方面的数据，你可以了解大家更喜欢哪些直播内容、更喜欢哪种互动方式等。这样你今后就能更有针对性地准备直播内容，提高粉丝的参与度和满意度。

通过分析相关数据，你会知道粉丝什么时候最活跃、什么时候最可能观看直播等。这样你就能选择合适的直播时间，提高直播的曝光度和观看率。相关数据还可以帮助你调整自己的互动方式和策略，如果数据显示粉丝更喜欢问答形式的互动，你就可以在直播中多设置一些问答环节；如果数据显示粉丝更喜欢与你“连麦”，你就可以多多与粉丝“连麦”。

李梅是一位烘焙领域的新手主播，她刚刚开始通过直播分享自己的烘焙技艺和烘焙经验。为了从零开始积累粉丝，李梅采取了以下策略。

李梅先审视了自己的社交资源、社交平台，包括微信、QQ和微博等。她向亲朋好友介绍了自己的直播计划，邀请他们为自己助威。她知道，这些熟悉的面孔将是她的坚强后盾，也是转发她直播间的忠实粉丝。

接着，李梅开始在这些社交平台上发布自己的烘焙直播预告。每次直播前，她会分享一段有吸引力的小视频或者一组精美的烘焙成品照片。她还利用朋友圈的“看一看”功能，让更多人了解、知道她的直播活动。

在直播过程中，李梅非常注重与观众的互动。她鼓励观众提问，并尽可能回答每一个问题。她还会在直播结束后，通过私信与观众进行更深入的交流，感谢他们的支持和建议。

此外，李梅还利用微博的热门话题和标签功能，将自己的直播内容与当前的热门话题相结合，提高了内容的曝光率。例如，她会在中秋节前分享特色月饼的制作教程，并使用相关话题标签吸引更多对烘焙感兴趣的观众。

通过这些策略，李梅的直播逐渐吸引了较多观众，转化了一批忠实的粉丝。她的社交网络成为她直播事业的重要观众基础，帮助她从零开始，逐步建立起了自己的粉丝群体。

只要能有效利用社交网络资源，新手主播同样可以吸引观众、积累粉丝，并可通过持续互动和优化策略不断提升自己的直播影响力。

第三章

直播前的幕后：打造完美“首秀”

第一节
技术达人：直播设备的终极指南

工欲善其事，必先利其器。开始直播前，你不仅要备齐设备，还要把它们用得得心应手。

一、摄像头：打造高清画质，让观众仿佛置身现场

摄像头是直播时的核心设备之一，它的清晰度直接决定了观众看到的画面质量。

（1）分辨率：分辨率越高，画面的清晰度就越高。现在市面上主流的摄像头分辨率有 720P、1080P 和 4K 等。对于直播带货来说，至少要选择 1080P 或以上分辨率的摄像头，这样才能保证画面的清晰度，让观众仿佛置身于现场。

（2）自动对焦功能：一个好的自动对焦摄像头能够迅速捕捉到主播的面部，确保画面始终保持清晰。这样，无论主播在直播过程中如何移动，观众都能清晰地看到主播的每一个表情和动作。

（3）稳定性：如果摄像头不够稳定，画面就会出现抖动的情况，影响观众的观看体验。因此，在购买摄像头时，我们可以选择带有三脚架或稳定器的款式，这样可以有效保证画面的稳定性。

二、麦克风：传递清晰声音，让沟通更顺畅

清晰、真实的声音能够提升直播的吸引力，增强观众的信任感。因此，选择一款合适的麦克风至关重要。

（1）类型选择：我们要根据自己的需求来选择合适的类型。动圈麦克风和电容麦克风是两种常见的选择。动圈麦克风适用于户外直播或嘈杂环境，因为它能够有效抑制背景噪音；电容麦克风更适合室内环境，因为它能够捕捉到更为细腻的声音。

（2）降噪功能：降噪功能能够有效减少环境噪音的干扰，让声音更加清晰。因此，在选择麦克风时，我们可以优先考虑带有降噪功能的。

（3）音量调节：确保麦克风具有音量调节功能，主播可以根据自己的需要调整麦克风音量的大小，确保声音既不过大也不过小，让观众听起来更加舒适。

三、灯光：营造专业氛围，提升直播品质

灯光对于营造直播间的氛围至关重要。合适的灯光设置不仅能够照亮主播的面部，还能为直播间增添一份专业感。

（1）环形补光灯：这种灯光能够均匀照亮主播的面部，减少阴影

的产生，使画面更加立体。同时，它还能根据环境光线的变化自动调节亮度，确保主播始终处于最佳的光照下。

（2）背景灯：通过调整背景灯的亮度和颜色，我们可以营造不同的直播氛围。比如，在销售温馨家居用品时，我们可以选择暖色调的背景灯来营造温馨的氛围；在销售时尚服饰时，则可以选择冷色调的背景灯来营造时尚感。

（3）避免使用直射光源：直射光源容易产生过强的光斑或阴影，影响画面的美观度。我们可以使用柔和的间接光源来照亮直播间，这样既能保证画面的亮度又能避免产生不必要的阴影。

四、电脑与软件：稳定“大后方”，助力直播顺利进行

有时，为了确保直播顺利运行，为使声音和画质呈现出更好的效果，使用电脑进行直播是更好的选择。因为相对于手机所使用的无线网络，电脑所使用的有线网络往往更稳定。此外，使用电脑进行直播，调整直播的声音和画面的空间更大，而且基本不会遇到电量不足的情况。

电脑和软件是直播过程中的后台支持，它们的稳定性和流畅性直接关系到直播的成败。

（1）电脑配置：直播带货时，电脑需要处理大量的图像和声音数据，如果电脑配置不够高，就容易出现卡顿或死机的情况。建议选择性能稳定、配置较高的电脑来支持直播。

（2）直播软件：市面上有很多直播软件可供选择，要根据自己的

需求来选择合适的软件。比如，可以选择功能丰富、兼容性好且操作简便的软件来辅助我们的直播过程。

（3）散热问题：直播过程中电脑会长时间运行，如果散热不好，容易导致电脑过热而影响性能。因此，要确保电脑散热良好，要定期清理电脑内部的灰尘并为电脑添加散热垫等辅助散热设备。

五、其他小工具：为直播增添亮点和便利性

除了以上提到的核心设备外，还有一些小工具能够为直播增添亮点和便利性。

（1）绿幕背景：直播时使用绿幕背景，可以将主播从原始背景中提取出来，将画面放置于虚拟背景中，或为背景添加特效，让直播间拥有更多的可能和创意感。比如，我们可以根据直播的主题或产品特点来选择合适的虚拟的背景图片或添加其他视频素材，让观众在视觉上获得更好的感受。

（2）提示卡：在直播过程中，主播可能会遇到一些突发情况或忘记某些关键信息，这时提示卡就能派上用场了。我们可以在提示卡上写下直播的要点、互动问题或产品介绍等内容，这样主播在直播时就能随时查看提示卡上的内容，确保直播顺利进行。

（3）手机支架：当主播需要在直播中展示手机中的内容或进行手机屏幕互动时，一个稳固的手机支架就显得尤为重要。它能够帮助主播将手机固定在合适的位置，确保画面稳定、清晰，为观众带来更好的观看体验。

六、注意事项：细节决定成败

使用直播设备时，我们还需要注意一些细节问题，以确保直播顺利进行。

（1）保持设备清洁和整洁：定期清洁摄像头、麦克风等设备上的灰尘和污垢。同时，要确保直播间的环境整洁有序，避免杂乱无章的背景影响观众的观看体验。

（2）避免过度使用设备：长时间使用直播设备可能导致设备发热或损坏，因此我们要注意保养设备。直播结束后，及时关闭设备并拔掉电源插头，以延长设备的使用寿命。

（3）关注设备的更新和升级：随着技术的不断发展，直播设备也会不断更新换代。我们要及时关注设备的最新动态，并根据需要进行更新或升级，以在直播带货中保持竞争力。

第二节

内容策划大师：打造直播节目单

一场精彩的直播就像为观众奉上的一顿丰盛大餐，得有开胃菜、汤、副菜、主菜、甜点等，要让看你直播的观众看得津津有味，不忍“离席”。

一、确定直播主题，吸引观众眼球

每次直播前，你要先确定一个吸引人的直播主题。这个主题要能准确反映你的直播内容，且让观众产生观看的欲望。

（1）关注热点话题：结合当前的社会热点、节日庆典或流行趋势，确定与之相关的直播主题。比如，在“双 11”期间，你可以推出“‘双 11’狂欢购，优惠不停歇”的直播主题。

（2）调查观众需求：通过社交媒体互动等方式，了解观众的兴趣和需求，从而确定直播主题。比如，你是测评主播，你发现观众对某个新上市的电子产品非常关注，那么你就可以围绕该产品确定直播主题。

（3）结合品牌特色：将直播主题与你的个人品牌形象和特色相结合，突出你的独特之处。比如，你的个人品牌主打减肥瘦身，你可以推出“健康瘦身不反弹”的直播主题。

二、编排直播流程，确保内容连贯有趣

一场成功的直播需要有一个清晰、连贯的流程。你要将直播内容划分为不同的环节，并合理安排顺序和时间。

（1）开场互动：以热情洋溢的开场语吸引观众的注意力，并邀请观众参与互动，如点赞、分享直播间等。

（2）产品介绍：按照事先确定的顺序，逐一介绍产品的特点、优势和使用方法。可以采用实物展示、演示用法等方式，让观众更加直观地了解产品。

（3）互动环节：设置一些互动环节，提前准备好问题或奖品，并在直播中适时推出，以增加观众的参与感和黏性。

（4）优惠活动：在直播过程中穿插一些优惠活动，如限时折扣、满减优惠等，刺激观众的购买欲望。你可以提前与品牌方或供应商沟通活动细节，并在直播中及时告知观众。

（5）结尾总结：在直播结束前，对本次直播的内容进行简要总结，并感谢观众的参与和支持。同时预告下次直播的时间和内容，鼓励观众持续关注和分享你的直播间。

三、加入趣味元素，提升观看体验

直播带货不仅要展示和销售产品，还要注重观众的观看体验。你可在直播中加入一些趣味元素，让观众更加愉悦地观看直播。

（1）讲述产品故事：结合产品特点和背景，讲述一些有趣的故事或趣闻，增加产品的吸引力。比如，可以分享产品的设计灵感来源、生产过程中的趣事等。

（2）分享生活小技巧：结合产品的使用场景，分享一些实用的生活小技巧等。这样不仅可以增加直播的趣味性，还可以让观众更加深入地了解产品的用途和价值。

（3）展示搞笑视频或图片：在直播中穿插一些与产品相关的搞笑视频或图片，可以缓解观众的疲劳感，提升观看体验。

四、合理安排时间，控制直播节奏

直播带货的时间通常较长，因此你需要合理安排时间，控制直播的节奏，避免观众产生疲劳感。

（1）分段直播：将整个直播过程分为若干个时间段，每个时间段专注于介绍一个或多个同类产品。这不仅有助于观众更好地吸收信息，还能使直播内容更加紧凑且有节奏感。

（2）设置休息时间：在直播过程中，适时设置一些休息时间，比如，每介绍完一款产品后，可以与观众聊聊天儿，回答一些观众的问题。这样既能缓解观众的疲劳感，也能增加直播的互动性。

（3）控制语速和说话的节奏：在直播时，要注意控制自己的语速和说话的节奏，避免说得太快或太慢。语速适中、节奏稳定的直播更能让观众保持专注和兴趣。

（4）灵活调整时间分配：根据直播的实际情况，灵活调整各个环节的时间分配。如果发现某个产品特别受欢迎，可以适当增加介绍时间；如果发现观众对某个话题不感兴趣，可以迅速切换到其他话题。

主播小李即将进行一场以“夏日清凉”为主题的带货直播，他精心安排了自己的直播流程。

开场环节（5分钟）：以一段轻松愉快的夏日海滩背景音乐开场，向观众问好，简短介绍今天的直播主题——“夏日清凉”，同时预告直播中的亮点和即将进行的抽奖活动，迅速吸引观众的注意力。

产品展示（40分钟）：先展示几款热销的防晒霜，详细介绍产品的特点和使用方法，并分享自己和朋友的使用体验，让观众感受到产品的真实效果。然后，推荐一系列清凉服饰和夏日饮品，通过现场试穿和品尝，生动展示产品的实际效果。

互动环节（15分钟）：在直播中段，进行一个“猜价格”游戏，邀请观众猜测接下来要展示的泳镜的优惠价，以活跃直播间的气氛。

优惠活动（10分钟）：推出限时折扣活动，刺激观众的购买欲——“在接下来的10分钟内下单的观众可以享受到额外的折扣。”

结尾总结（5分钟）：直播尾声，对今天介绍的产品进行简短的回顾，并抽取幸运观众。预告下一场直播的主题——“暑假旅行必备”，请观众关注直播间，以便不错过下次的精彩内容。

通过这样的流程安排，小李的直播既有序又充满互动气氛，成功地吸引了观众并达成良好的销售成绩。

做直播就像做一桌待客的菜，得用心、得讲究，要让观众能找到自己喜欢的环节并积极参与。这样的直播让人回味无穷，且对下一次的相聚充满期待。

第三节
商品展示：让观众一眼爱上你的商品

直播带货就是一场精心策划的“一见钟情”，观众在短时间内对你所带货的商品产生兴趣并购买，是直播成功的标志。要想实现这一点，就需要我们提前做好准备，展示商品更加到位。

一、要了解商品

在直播前，你要做足功课，详细了解自己带货的商品的每一个细节，包括但不限于商品的生产地、原材料、设计理念、使用方法、适用人群等。了解这些信息后，你可以更加自信地向观众介绍商品，展现出你的专业性。

（1）掌握商品卖点：找出商品的独特卖点，可能是其设计、品质、性价比或者是其独特的使用体验。在直播时，重点突出其独特性，让观众明白为什么要选择这款商品。

（2）准备应对疑问：预想观众可能会提出的问题，并准备好如何回答。这样可以在直播中迅速解决观众的疑虑，增强观众的信任感。

二、多角度展示商品

在购买商品前，观众往往希望能全面了解商品的外观和细节。因此，直播时你需要从多个角度来展示商品。

（1）全方位展示：在直播中，拿起商品，从不同角度展示给观众看。例如，可以从正面、侧面、背面等多个角度展示服装的板型和设计细节。

（2）放大细节：如果商品的材质比较特殊或工艺很精细，可以利用镜头的放大功能，让观众看得更清楚。比如，介绍一款手表时，可以放大展示表盘的刻度、表带的质感等。

（3）实时互动：鼓励观众说出想看商品的哪些细节，根据观众的要求进行展示。这样可以让观众感觉更加被重视，且更加放心。

三、演示商品的使用方法

对于某些商品，你可以在直播中演示其使用方法，展示商品的功能。

（1）实际操作演示：对于需要一定操作的商品，如家用电器、化妆品等，演示其使用方法，让观众看到商品的实际效果，提升观众的购买欲。

（2）使用前后对比：如果卖的是彩妆或清洁用品，可以展示使用前后的对比效果。直观的对比效果可以极大地提升观众的购买意愿。

（3）简洁明了的解说：在演示过程中，用简单易懂的语言解说商品的使用方法和注意事项，避免过多使用专业术语，确保所有观众都能理解。

四、利用道具增加趣味性

在直播过程中，可适当使用一些道具，以增加直播的趣味性，吸引观众的注意力。比如，你可以用尺子测量商品的尺寸，用放大镜展示商品的细节，或者用试色卡展示口红的颜色，等等。使用这些道具有助于观众更直观地了解商品，同时增加直播的趣味性。

（1）创意道具使用：使用一些创意道具来辅助展示商品。例如，你在卖一款便携式咖啡机，可以用一个小桌子和几个杯子来模拟在户外喝咖啡的场景，让观众感受到该商品带来的生活乐趣。

（2）情景模拟：根据商品的用途模拟一些使用场景。比如，你在卖一款户外背包，可以展示如何在徒步旅行时使用这款背包，让观众感受到商品的实用性。

主播小美有一家主营小家电的实体店。小美会定期在线上渠道做直播，介绍自己店中的商品。今晚的主角是一款新上市的多功能榨汁机。

小美先详细介绍了榨汁机的品牌背景和主要功能，她列举了榨汁机的技术参数，分享了自己使用这款榨汁机的体验，让观众们对产品有了初步的了解。

接着，她360度无死角地展示了榨汁机的外观，让观众看到榨汁机的设计细节。小美还特意通过放大镜头展示了榨汁机刀片的材质和操作按钮，让观众们对产品的质感和操作的便捷性有了更直观的感受。

为了增加趣味性，小美用上了道具——一套色彩鲜艳的果汁杯和新鲜水果。她现场用榨汁机制作了各种口味的果汁，从切水果到榨汁，再到品尝，整个过程让观看的人忍不住想尝一口。

在演示的过程中，小美及时回应观众的要求，观众想看哪种水果的榨汁效果，她就立马用这种水果来榨汁，并引导观众提出组合榨汁的要求，榨出了奇奇怪怪的果汁组合。这样的互动让直播更加生动有趣，加深了观众对榨汁机的印象。

最后，小美分享了榨汁机的清洗和保养小技巧，并向观众介绍了售后服务政策，彻底打消了观众的顾虑。这样全面而生动的商品展示，使得小美的直播带货效果显著，观众们纷纷下单，榨汁机的销量十分可观。

要想让观众一眼就喜欢上你推荐的商品，你就得在直播前下足功夫，了解商品、布置环境。直播时多角度展示，现场演示使用方法，再加上点儿趣味小道具，把商品的魅力全方位、无死角地展现出来，这样，才能让观众点击链接、放心下单。

第四节 预热宣传：如何制造话题，吸引观众

对于新手主播来说，直播带货的预热宣传覆盖的范围可能很窄、很有限。但只要你掌握了方法，制造出吸引观众眼球的话题，就可以以点带面扩大宣传的影响力。

一、亲民的预热活动策划

1 接地气的话题预告

直播前的预告要简单直白，让观众一听就懂。比如，你可以发个朋友圈："明天晚上 8 点，我会分享一些超实用的小家电，价格绝对惊喜，记得来看哟！""最近大家都在讨论健康话题，我找到了几款超棒的健康食品，明晚直播时给你们详细介绍！要记得观看直播！"这样的预告既直接又充满吸引力。

2 日常分享

在直播前的几天，可以在朋友圈或其他社交媒体平台分享即将出

现在你直播间的商品的有氛围的照片或小视频。比如，你准备卖一款厨房用具，那么可以拍摄一段你用它做饭的短视频，展示它的便捷性和实用性。这样的日常分享能拉近观众和你之间的距离。

3 邀请亲友助阵

邀请你的亲朋好友在你的直播中露个脸儿，分享他们使用商品的体验。比如，你的好友用了你推荐的护肤品后，皮肤状态有了明显的改善，那么可以请她在直播中分享一下她的使用感受。真实的反馈能够增加观众的信任感，让他们更愿意尝试你的推荐。

二、实用的宣传策略

1 利用社交媒体平台广泛传播

不要局限于一个平台，而要利用多种社交媒体平台进行宣传。你可以在朋友圈、微博、抖音等平台发布直播预告，告知亲朋好友和粉丝下场直播的时间和主题，还可以设置提醒，让大家能收到直播通知。

2 合作推广，扩大影响力

你可以寻找和你风格相近或者有共同目标的小主播合作，或与当地商家进行合作，互相在各自的直播中推荐对方的直播间，这样能扩大双方的影响力。

3 精准定位，找到属于你的观众

你要清楚地知道你的目标观众是什么样的人群，他们在哪里，他们喜欢什么。比如，你的直播主要是推荐母婴产品，那么你的目标观众就是年轻的父母。针对这些特点，你可以在各育儿论坛、妈妈群等进行宣传，提高宣传的针对性和有效性。

三、制造话题的简单技巧

1 结合日常生活制造话题

在直播前，你可以在自己所在的社交媒体平台通过分享一些与日常生活相关的话题来吸引观众。比如，你可以发个朋友圈："最近大家都在讨论环保生活，我也来聊聊我的看法，顺便推荐一些既环保又实用的产品。"或者分享一些生活小窍门，比如，如何用一款清洁剂轻松去除厨房中的顽固污渍，顺势介绍你即将直播带货的清洁产品。

2 突出产品的实用性和性价比

在宣传时，要强调产品的实用性和性价比。比如，你可以拍一段短视频，展示一款多功能厨房用具如何帮助你节省时间和精力，同时强调它的价格优势，让人们觉得值得购买。

3 鼓励观众分享自己的故事

在直播前，可以通过社交媒体平台邀请人们分享他们与产品相关的故事或使用经验。比如，你可以发个帖子："有没有人用过 ××× 防晒霜，效果如何？分享一下你的使用心得吧！"这样可以增加和商品有关的话题的丰富性，同时也能为你的直播提供素材。

四、直播前的最后冲刺

直播开始前的最后几个小时是提升观众参与度的黄金时段。这个阶段的宣传活动能够为你的直播吸引即时流量，增加观众的期待感和参与感。

① 直播提醒

在直播前的一两个小时内，通过你的社交媒体账号发送直播提醒，可以是一条简单的微博、一条朋友圈动态，也可以是一个抖音短视频。比如：“直播即将开始，我已经准备好了，你们呢？快来和我一起迎接今天的惊喜吧！”这样的提醒简单直接，能提醒大家直播即将开始。

② 现场直播

在正式直播开始前的 15 分钟，可以在直播平台上进行一次简短的现场直播。这次直播不需要太长，主要是为了营造氛围，让粉丝感受到直播即将开始的兴奋。这次现场直播你可以分享一些即将直播的商品预览，或者透露一些直播中可能出现的小惊喜，比如：“今天的直播，会有一个你们绝对想不到的特别环节！”这样做可以激发观众的好奇心，让他们非常期待正式直播的到来。

五、注意事项

① 保持真实，不做夸大宣传

直播带货最重要的是观众对你的信任感，所以一定要真实，不要夸大产品的效果或功能。比如，一款护肤品只是保湿效果好，就不要宣传它能淡斑。只有真实，才能赢得观众的信任。

② 注意控制宣传频率和方式

宣传要适度，不要过于频繁地发布宣传内容，以免让人产生不胜其扰的感觉。同时，宣传方式也要尽量多样化，比如图文结合的方式、视频预告等，避免单调重复，要让观众有新鲜感。

小赵即将在周六晚上八点开始自己的第一场直播带货，他提前三天开始了精心策划的预热宣传。小赵先是在朋友圈和微博分别发布了一条轻松幽默的视频，展示了一款他即将在直播中推荐的智能扫地机器人如何轻松应对家中的宠物毛发。他还邀请了几位好友录制了使用体验视频，分享了他们的惊喜感受。直播的前一天，小赵通过直播平台推送了直播预告，并在微信群里发起了有奖互动小游戏，答对问题的人有机会获得直播专属优惠券。

通过这一系列预热活动，小张的直播带货在开始前就已经拥有了高人气。

对于新主播、普通主播来说，直播带货的预热宣传和话题制造并不需要太复杂和高大上，只要用心策划、真诚宣传、注重互动和收集反馈，就能够成功吸引观众的眼球，为直播带货打下良好的基础。

第四章

直播带货的黄金话术

第一节
话术秘籍：如何用言语打动人心

直播带货离不开话术，话术就像是你的武器，能帮你赢得观众的心，能帮你实现销售奇迹。接下来向你分享一些超实用的、能帮你抓住观众的心的直播带货话术秘籍。

一、开场白：抓住观众的眼球

开场白是直播的门面，它决定着观众是否会停留。一个好的开场白应该能够迅速吸引观众的注意力，并激发观众的兴趣。

（1）自我介绍：用一句有趣或者富有个性的话介绍自己，让观众在第一时间记住你。

（2）直播预告：提前透露一些本场直播的亮点，比如限时优惠、独家产品等，让观众对接下来的内容充满期待。例如："今晚有 ×× 牌手机的独家折扣，数量有限，先到先得哟！""稍后我会给大家带来一款超级火爆的护肤品，今天的价格绝对让你惊喜！"

（3）互动问候：点名欢迎新进入直播间的观众，让观众感到被重视。例如："欢迎'剁手达人小鹿'加入我们的直播间，希望你今天能带走你的心仪好物！"

二、福利与悬念：留住人心的秘密

直播过程中，你需要利用福利和悬念让观众愿意在直播间停留并参与互动，以提高粉丝的转化率。

（1）福利预告：每隔一段时间就提醒观众福利即将到来，使其充满期待。例如："亲们，不要走开，半小时后我们会进行大抽奖，奖品是价值 ××× 的神秘大礼包！""20 分钟后，抽奖环节即将开始，奖品是刚刚介绍过的那款热销产品，大家准备好了吗？"

（2）实时互动：及时回应评论区的问题和建议，让观众感到被重视。例如："我看到有宝宝问这款洗发水是不是适合干性发质。没错，它含有天然滋养成分，非常适合干性和受损发质使用。"

三、产品展示：让好货自己说话

产品介绍是直播带货的核心环节。你需要深入了解产品，用生动的语言和实际演示来展示产品的价值。

（1）增强信任：展示销量和好评，分享个人使用体验，增加产品的可信度。例如："我自己用这款面膜已经一个月了，皮肤真的变得水润透亮，你们看我现在的皮肤状态就知道了。""大家看，这是我用了这款精华液后的皮肤，是不是很有光泽？我自己都惊呆了，所以一定要推荐给大家。”

（2）专业讲解：用专业术语讲解产品特点，展现你的专业性。例如：“这款电磁炉采用了 IH 加热技术，能够使热量更均匀地分布于锅底，烹饪效果更佳。”“对于喜欢烘焙的朋友来说，这款烤箱的上下独立控温功能，可以让你同时烤制对温度需求不同的糕点，非常实用。”

（3）现场试用：亲自试用产品，让观众看到真实的效果。例如：“大家看我涂了这款口红后，是不是非常显肤色？而且一点儿也不干。”“这款粉底液的遮瑕效果非常好，你们看，我脸上的色斑都被遮盖住了，而且妆感很自然。”

四、互动升级：让直播间热闹起来

直播间的氛围很重要，你可以通过提问、选择和刷屏式互动，让观众参与直播，以吸引更多的观众。

（1）提问互动：提出与产品相关的问题，引导观众参与讨论。例如：“大家觉得对你来说，羽绒服最重要的是什么？是保暖、款式还是价格？请在评论里告诉我。”“你选择一款护肤品时最看重的是什么，是天然无添加还是高效保湿，或是其他？快来分享你的想法。”

（2）选择互动：给观众提供选择，让观众感到自己在参与直播的决策。例如：“接下来要介绍的是两款不同风格的连衣裙，一款是优雅长裙，一款是活泼短裙，你们想先看哪一款？”“一会儿有两款新品推荐，一款是适合上班的简约风衬衫，一款是适合约会的浪漫风裙子，你们更期待看哪一款？”

（3）刷屏互动：鼓励观众通过简单的刷屏动作参与互动。例如：“想要优惠券的宝宝们，快在评论里扣‘666’，我会随机选取几位送出优惠券。”“现在只要在评论里刷‘买它’，就有机会获得我们今天的特价商品，快来参与吧！”

五、关注转化：让粉丝成为你的常客

通过引导观众关注直播间，你可以建立自己的粉丝群体，为今后的直播打下坚实的基础。

（1）用福利引导关注：为关注直播间的观众提供专享福利，如优惠券、优先发货等。例如：“只要关注我的直播间，下次直播时你就能获得专属折扣，还有机会获得限量版小礼物！”“新关注直播间的朋友们，你们将获得一张首次购物立减 20 元的优惠券，加入粉丝群还能领取更多福利！”

（2）预告下次直播引导关注：在直播结束前，预告下次直播的内容和时间，吸引观众再次光临。例如：“下次直播我将会带来更多惊喜，关注我的直播间，你就可以收到直播提醒，不会错过各种福利！”

六、促单技巧：临门一脚的艺术

当观众的购买欲被激发时，你需要用恰当的话术使其做出购买行动。

（1）强调优势：重复产品的特点和价格优势，让观众感到物超所值。例如：“这款智能手表不仅功能全面，而且今天下单还能享受八折优惠，性价比超高，绝对不容错过。”“这款电动牙刷的续航时间非常长，充一次电可以用一个月，而且现在下单还送三个刷头，真的是超值！”

（2）限时限量：制造紧迫感，让观众感到必须立刻下单。例如：“亲们，这个特价活动只在今晚才有，而且库存有限，手慢无，赶紧下单吧！”“这款护肤品套装今天限时抢购，只有10套，想要的宝宝们要抓紧时间了！”

七、结束语：留下美好的回忆

直播结束时，用感谢的话作为结尾，同时预告下次直播的亮点，让观众期待你的出现。

（1）感谢陪伴：对观众的陪伴表示感谢，加强情感联结。例如：“今晚的直播就要结束了，真的很感谢大家的陪伴和支持，你们的每一个点赞和评论都是我前进的动力。”

（2）直播预告：提前透露下次直播的精彩内容，引起观众的好奇心。例如：“下次直播会有更多惊喜送给大家，包括一些独家新品的首发，敬请期待！”

第二节

商品故事：让每个商品都有灵魂

讲好商品故事是吸引观众、增强商品吸引力的关键。好的商品故事，能够拉近商品与观众的距离，让观众在听故事的同时，也对商品产生浓厚的兴趣和购买欲望。那么，我们究竟可以从哪些角度来讲述商品的故事呢？

一、品牌历史与文化

每个品牌都有其历史和文化故事，你可以聊聊该品牌是怎么起家的，以及它的成长过程、设计理念，等等。这样，观众就能更了解这个品牌的价值观和内涵，从而对其产品更有认同感。

以某知名茶叶品牌为例，你可以讲述该品牌如何世代传承制茶工艺，如何在传统的基础上不断创新，如何对茶叶的品质严格把控等方面的故事。这样，可以让观众了解该茶叶品牌的历史和文化，增强观众对商品的信任感和好感。

你可以说："大家好，今天给大家带来的这款茶叶可是有着几百年的传承呢！祖辈传下来的独家制茶秘诀，到现在还在坚持使用，每一片茶叶都承载着品牌的荣誉和品牌对品质的执着。不信？你买回去尝一尝，那滋味，绝对让你忘不了！"

二、原材料与生产工艺

商品的质量其实和原材料及生产过程有很大的关系。你可以向观众详细介绍一下这个商品是用什么材料做的，这些材料的来源，以及它是怎么生产出来的。这样大家就能更明白这个商品是怎么来的，也能感受到它的品质和厂家的用心。

比如，介绍一款手工制作的皮鞋时，你可以详细讲述这款皮鞋皮革的来源、鞋的制作过程及其独特的工艺特点："这款鞋的皮革为某种优质牛皮，经过多道工序精心制作而成；鞋子的每一个细节都由手工打造，需要经过数十次的调整才能完成……"这样的讲述，不仅可以让观众了解产品的精湛工艺，还能让观众感受到商品的独特价值和品质保障。

你还可以这样说："你们看这双皮鞋，这可不是一般的皮革，这是精选自 ××× 的上等牛皮，经过老师傅们一针一线手工缝制的，每一双鞋都是艺术品。穿上它，不仅舒服，还特别有范儿。"

三、设计理念与创意来源

一个商品的设计理念和创意来源，其实就是它的灵魂所在。你可以跟大家分享设计师是怎么想到这个设计的，设计理念是什么，设计过程中有哪些有趣的小故事等。这样，大家就能感受到这个产品的独特魅力。

以一款时尚手包为例，你可以讲述设计师是如何从自然界汲取灵感，将某些元素巧妙地用于手包的设计中的故事。比如："这款手包的形状灵感来源于花朵的轮廓，色彩则借鉴了自然界中某些花卉的渐变色系，这样的设计理念不仅让手包看起来更加独特，还能让人们在使用的过程中感受到大自然的和谐。"

四、用户故事与反馈

那些已经购买了这个商品的人的使用感受和反馈，也是我们可以分享的故事。你可以和观众分享一些用户的真实评价，这样观众就能更了解这个商品的实际效果和优点，从而想去购买它。

以一款家用智能扫地机器人为例，你可以分享一些用户的真实使用感受和评价。比如，有用户表示自从使用了这款扫地机器人后，与以前自己打扫相比，家里的地面变得更洁净，并且为自己节省了很多打扫的时间和精力；还有用户称赞这款扫地机器人的智能避障功能非常实用，能够轻松应对各种复杂的家庭环境。这些真实的用户故事和反馈不仅能够增强其他观众对商品的信任感，还能激发观众的购买欲望。

你可以说："这款扫地机器人一定会成为你的好帮手！有位客户跟我说，自从用了它，家里的地板干净得能照出人影。它还能自动避开家具，这位客户自己喝着茶看着电视，完全不操心，地面一会儿就干净了。”

五、限量版与特殊意义

有些商品是限量版的，或者有某种特殊意义。你可以向观众强调它的稀缺性、独特性，以及它背后的故事和意义。这样，观众就会更有兴趣和热情去购买该商品。

以某品牌的限量版手表为例，你可以强调其限量发售的数量、独特的设计以及其所附带的收藏证书等，还可以分享一些限量版手表在市场上的升值空间和收藏价值等相关内容，进一步激发观众的购买欲。

你可以说：“这款手表，全球限量发售，每一只都有独一无二的收藏证书和编号。它不仅设计独特，还有升值空间，你要抓紧时间购买。”

六、商品在社会文化中的影响

有时候，某个商品会因为某些原因在社会中产生很大的影响。你可以和观众聊聊这个商品背后的社会文化现象，以及它是怎么影响人们的日常生活和价值观念的。这样，观众就更了解这个商品的文化内涵及其吸引力，也会对它更有兴趣。

比如，某品牌的某款运动鞋因其独特的设计理念和前沿的科技应用成为运动潮流文化的代表。你可以向观众讲述这款运动鞋为何引领潮流风尚，成为年轻人追逐的对象，以及它如何推动了运动鞋市场的变革。此外，你还可以分享一些与这款运动鞋有关的社会文化活动或事件，进一步展示其在社会文化中的影响力。

你可以说："这款运动鞋，不只是一双鞋，它还代表了一种潮流文化，许多年轻人都想拥有它，它不仅舒适，能提升速度，更是时尚的象征。"

第三节

互动游戏：提升观众参与度的秘诀

在直播带货的过程中，观众参与度直接影响直播的效果和粉丝转化率。巧妙设计互动游戏，可以提升观众的参与热情，加深观众与主播之间的情感联结。下面，我们将分享一些能提升观众参与度的实用互动小游戏。

一、直播抽奖

抽奖是直播中最常见的互动方式之一。你可以设置一些奖品，比如优惠券、小礼品等，根据观众的互动情况来决定获奖者。

（1）设置规则：比如观众需要关注直播间并发送特定关键词参与抽奖。你可以说：“大家好，今天我的直播间有个超级令人惊喜的抽奖活动！只要你关注我的直播间并发送‘幸运星’三个字，就有机会赢取我为你准备的神秘大奖！让自己成为今晚的幸运儿吧！”

（2）公正抽奖：通过手机截图的方式进行抽奖，确保过程透明公正。比如，你可以说："现在，让我们来进行第一轮抽奖！大家准备好了吗？让我们一起倒数，三、二、一！发送！请把 ××× 的截图发到评论区，以确保抽奖过程的公正性。"

（3）持续吸引：抽完一个奖品后，预告下一次抽奖的时间和奖品，保持观众的期待感。比如，你可以说："恭喜刚刚中奖的朋友们！还没有中奖的朋友们也不要灰心，二十分钟后，还有更多精彩的抽奖活动。记得关注我的直播间，不要错过下一次的幸运机会哟！"

二、点赞活动

为直播间点赞不仅能增加直播间的热度，还能提升主播的人气。通过设置点赞目标，鼓励观众积极参与。

（1）设定目标：比如，如果点赞数达到某一数量后，主播会为观众发放福利。你可以说："宝宝们，你们的每一颗小红心都是对我的支持！如果直播间的点赞数能突破十万，我就为大家送上一场现金红包雨！快来点击小红心，让我们一起创造奇迹吧！"

（2）引导转发：鼓励观众将直播间转发给朋友，和朋友一起点赞，赢取福利。你可以说："点赞数已经达到八万了！还差两万就能达到目标！请大家把直播间分享给朋友，和朋友一起来点赞，一起赢取红包吧！分享越多，机会越大哟！"

（3）及时反馈：每当点赞数达到新的高度，主播都要给予及时的反馈和感谢。你可以说："哇，我们已经达到十万个赞了！太感谢大家了！现在，我要开始发红包了，大家准备好抢红包了吗？"

三、秒杀活动

提供限时特价商品的秒杀活动，能极大地吸引观众的注意力，刺激观众的购买欲。

（1）精选商品：选择热门且受欢迎的商品为观众提供秒杀活动。“接下来，我要为大家介绍今天的秒杀商品——人气超高的 ××× 护发素，原价 100 元，现在只要 50 元！数量有限，先到先得！”

（2）分段规划：合理安排秒杀时间，避免观众因等待时间过长而流失。你可以说：“秒杀活动将在今晚的 8 点、9 点和 10 点准时开始，每个时段都有不同的惊喜！记得调好闹钟，不要错过每一场秒杀活动！”

（3）引导分享：鼓励观众分享秒杀活动，吸引更多新观众参与。你可以说：“如果你喜欢这款商品，不妨分享给你的朋友们，让他们也有机会享受到这个超值的价格。分享出去，你的朋友一定会感谢你！”

四、吸睛道具

使用有趣的道具与观众进行游戏互动，可以大大增加直播间的趣味性，吸引观众热情参与。

（1）选择道具：挑选能够引发观众兴趣的道具，如巨型骰子。你可以说：“今天我们要用这个巨大的骰子来玩一个有趣的游戏。骰子的每个面都代表一个不同的礼物，我们一起来掷骰子，看看这次抽奖的礼物会是什么！”

（2）游戏规则：设置简单易懂的游戏规则，让观众容易参与。你可以说：“游戏很简单，我将掷骰子，掷到哪个数字，就会送出对应的礼物。现在，大家在弹幕中告诉我你希望我掷出哪个数字，让我们一起来期待结果！”

（3）奖励机制：根据游戏结果给予观众相应的奖励，如礼物或者优惠券。你可以说：“好的，掷出了数字3！那么，所有猜中数字3的朋友们，你们将获得我为你们准备的精美小礼物。请把你的联系方式发给直播小助手，我会尽快为你寄出礼物！”

五、直播提问

通过提问，主播可以引导观众参与讨论，增加直播间的互动性。

（1）设置话题：选择与直播主题相关的话题进行提问。你可以说：“现在是我们的‘知识小测验’时间。第一个问题：你更喜欢哪种类型的护肤品？是面膜还是精华液？快在评论区打出你的回答吧！”

（2）提供选项：尽量提供有选项的问题，避免开放性问题，便于观众快速回答。你可以说：“如果你的答案是面膜，请发‘1’；如果你的答案是精华液，请发‘2’。让我看看哪种更受大家欢迎！”

（3）互动反馈：对于观众的回答给予及时的反馈，增加观众的参与感。你可以说：“太棒了！看来我们的面膜爱好者还是很多的！所有刚才发‘1’的朋友，你们都将获得我为你们准备的小礼物。请给直播小助手发私信，留下你的联系方式，我们会尽快为你寄出礼物！”

通过上述几种方法，你可以轻松地让直播间的气氛活跃起来，让观众在享受购物乐趣的同时，也能体验到参与和互动的快乐。记住：游戏要简单易懂，奖品要吸引人，这样才能最大化地提升观众的参与热情。

第四节
节奏大师：保持直播的持续吸引力

一场直播带货就像一场精彩的演出，而直播节奏是由你控制的。要想让观众持续关注直播，你就要成为一位节奏大师，让直播的每一刻都充满吸引力。下面，将详细探讨如何控制直播节奏，并提供实用的话术例子。

一、开场即高潮：抓住黄金一分钟

直播开始后的第一分钟是建立观众对直播的第一印象的关键时期。你需要迅速进入状态，用充满活力的问候和热情的态度吸引观众，与观众打招呼，让观众感到被重视和受欢迎。

你可以说：

“大家好，欢迎来到我的直播间！我是你们的老朋友××，今天又为大家带来了超多好货，你准备好了吗？我看到小帅已经进来了。小帅，你今天过得怎么样？”

“各位家人，晚上好！非常感谢你们的陪伴。我是主播××，今天我会和大家分享一些超级棒的产品。现在，我们开始今晚的购物之旅吧！”

二、热身互动：打造温馨的直播氛围

在直播开始后的前五分钟，你要通过互动和介绍即将推出的爆款商品来吸引观众；时常强调直播的时间，培养观众的观看习惯；引导观众关注直播间并加入粉丝团，建立更深层情感联结。

你可以说：

“亲爱的朋友们，今天我给大家带来的这款口红，颜色超级美，绝对是春季必备！记得每周三晚上八点，我都会在这里等你们，还没有关注我的直播间的宝宝们，请点关注，每次直播我都会为大家奉上惊喜福利！”

“大家好，我是你们的购物小助手小强。今天晚上，我将为大家带来一系列精选好物。别忘了，每周五晚上七点，我都会准时在直播间等你。如果你还不知道怎么关注我的直播间，请看屏幕下方的提示，一键关注，直播不错过！”

三、节奏剧透：让观众期待每一个瞬间

在五到十分钟内，快速介绍当天直播的所有商品，不要过多停留。重点推荐有可能成为爆款的商品，让观众对它们产生兴趣。

你可以说：

“接下来，我会给大家展示五款连衣裙，每款都有其独特的魅力。特别是这款印花连衣裙，穿上它，你就是春天的化身，你们一定要看仔细了！”

“亲们，接下来的半小时，我会向你们介绍一系列时尚新品。首先是这款真皮手提包，质感超级棒，绝对是你必不可少的配饰。别眨眼，精彩即将揭晓！”

四、产品推荐：精准而有节奏地展示

根据观众反馈，有重点地、有节奏地介绍每个产品，每个产品用时大约 5 分钟。通过既详细而又不拖沓的介绍，让观众充分了解产品。

你可以说：

“现在，让我们来好好了解一下这款智能手表。它外观时尚，功能非常强大，不仅可以计步、监测心率，还能接收提醒消息。而且，今天下单还有额外的优惠哟！”

“家人们，这款蓝牙耳机音质清晰，佩戴舒适，而且续航能力强。无论是上班通勤还是户外跑步，都是你的理想伙伴。现在下单，还有机会获得我们精心为你准备的小礼物！”

五、爆款返场：满足观众的期待

在直播的最后阶段，对观众呼声高的商品进行返场介绍。助理要及时回复观众问题，增强观众的购买信心。

你可以说：

“看到很多宝宝在问这款爆款运动鞋，别急，这就给大家再详细介绍一下。这款运动鞋舒适度满分，十分适合跑步、通勤，而且，现在下单还有超值折扣，错过可就亏大了！”

“大家的热情真让我感动，这套限量版护肤套装返场啦！之前没抢到的朋友们，这次可要抓紧时间了，数量有限，先到先得哟！”

六、预告下一场直播：让观众充满期待

在直播的最后十分钟，提前透露下一场直播的内容。助理要抓紧时间回复观众的问题，让观众满意地观看完直播。

你可以说：

“亲们，今天的直播马上就要结束了，请记住，下周三晚上八点，我会给大家带来更多惊喜。记得观看直播哟！有任何问题，请随时在评论区留言，我的助理会第一时间回复大家！”

“感谢大家今晚的陪伴，我们的直播即将结束。下周五晚上七点半，我们不见不散。我会为大家带来更多时尚新品。如果你对今天的任何商品还有疑问，请随时留言，我的团队会为你解答。下次直播见！”

七、结束语：留下美好的回忆

在直播的最后一分钟，感谢观众的陪伴和支持。提醒观众下次直播的时间和福利，增强大家的观看意愿。

你可以说：

“感谢大家今天的陪伴，希望你们都能在我的直播间找到快乐以及喜欢的商品。下次直播，会有更多惊喜等着大家，记得锁定直播间，我们下周三晚上八点不见不散！再次感谢大家，祝大家有个美好的夜晚，晚安！”

“今晚的直播就要告一段落了，非常感谢每一位观众的支持和参与。记得点关注，设置直播时间提醒，下周六晚上，我会为大家带来一场特别的直播。我们下次见，祝大家好梦，晚安！”

通过上述方法和话术，你可以有效地控制直播节奏，使观众持续关注，让直播的过程充满吸引力，从而提高直播带货的成功率。

第五章

销售心理学：破译带货密码

第一节
读懂顾客心：销售的心理学基础

销售心理学，简而言之，就是研究人们在购买过程中的心理活动和行为模式的学问。作为直播带货的主播，如果你能掌握这门学问，就能更好地理解顾客的需求，从而提高销售效率和成交率。

一、顾客需求的层次

顾客的需求是有层次的，就像马斯洛需求层次理论所描述的那样。我们进行直播带货时，产品或服务应满足顾客的不同层次需求。

（1）生理需求：这是最基本的需求，如衣物、食品等。

（2）安全需求：人们希望受到保护与免于遭受威胁从而获得安全的需求，如健康保险、保健品等。

（3）社交需求：人们希望被人接纳、关注、爱护等的需求，礼品等可以满足这一需求。

（4）尊重需求：人们获取并维护个人自尊心的一切需求，高端品牌的产品可以满足这一需求。

（5）自我实现需求：人们追求挖掘自己的潜能和实现自己的目标的需求，比如健身器材、摄影设备等与兴趣爱好、事业等有关的品类，一些课程类商品也可以满足相关需求。

二、顾客的购买决策过程

顾客的购买决策过程包括需求认知、信息搜索、评估选择和购买决策。主播可以通过直播内容引导顾客顺利完成这些过程。

（1）需求认知：主播可以通过提问或讨论，帮助观众意识到自己的需求。例如，主播可以询问观众是否有特定的健康问题，从而引导他们认识到自己需要某种健康产品。

（2）信息搜索：主播应提供详细的产品信息，演示产品的使用方法，帮助观众了解可能的解决方案。例如，主播可以展示一款化妆品的使用效果，让观众看到实际变化。

（3）评估选择：主播可以通过比较不同产品的特点和价格，帮助观众做出选择。例如，主播可以对比几款护肤品的成分和使用效果，让观众明白哪款更适合自己。

（4）购买决策：主播可以通过提供限时优惠、赠送小样等方式，鼓励观众做出购买决定。例如，主播可以规定前一百名购买产品的观众将额外获得赠品。

三、影响人们购买的心理因素

（1）恐惧心理：人们害怕错过好产品或好价格。主播可以通过强调限时优惠、限量抢购等信息来激发观众的紧迫感。例如，主播可以宣布："这款护肤品只剩最后十瓶，错过今天，就要等下个月才有货了！"这样的信息会让顾客感到时间紧迫，从而加快做出购买决策。

（2）从众心理：人们倾向于模仿他人的行为。主播可以展示销量、好评截图等让观众感受到大家都在买，从而也做出购买决策。比如，你可以展示一位明星使用该产品的图片，并说："连××明星都在用，你还在等什么？"这样的社交证明能够增加产品的可信度，促使观众做出下单决策。

（3）贪婪心理：有些人喜欢占便宜，主播可以通过提供优惠券、买赠活动等手段来吸引顾客。例如，主播可以宣布："今天下单的前50名顾客，将获得价值50元的神秘礼物！"这种额外的优惠能够激发人们的购买欲望。

（4）权威心理：人们倾向于信任专家或权威人士的推荐，主播可以邀请行业专家或知名人士参与直播，增加产品的可信度。例如，你可以邀请一位营养师来讲解某款健康食品的益处。专家的推荐会让人们更认可产品，从而增加购买的可能性。

（5）稀缺心理：人们认为稀缺的东西更有价值。主播可以通过"独家产品""限时折扣"等策略提高商品的吸引力。例如，主播可以宣布："这款限量版T恤，全网独家发售，只在今天的直播中才有！"这种独家性和限时性也能激发人们的购买欲望。

四、销售心理学的实用技巧

（1）建立信任：主播需要展现出专业和真诚的态度，通过分享个人故事或使用体验来建立起观众的信任感。例如，主播可以分享自己使用某款护肤品后皮肤改善的真实经历，让观众感受到产品的效果；或者主播讲述自己为何选择这款产品，以及它使自己产生的积极变化。

（2）挖掘痛点：主播需要深入了解观众的实际需求，有针对性地推荐产品。例如，主播可以询问观众是否有特定的皮肤问题，然后推荐相应的护肤品，解决观众的痛点。或者，针对家庭主妇推荐一款省时省力的厨房小家电，解决她们在家务劳动中的实际问题。

（3）情感联结：主播可以通过讲述产品背后的故事或使用情感化的语言来与顾客建立情感联结。例如，介绍某款手工饰品的制作过程时，主播可以强调其独特性和工艺价值，让观众感受到这款饰品不仅是商品，它还有情感价值。再例如，主播可以分享某款产品是如何帮助自己渡过难关的，让观众产生共鸣。

（4）营造紧迫感：主播可以通过倒计时、库存剩余数量等方式创造紧迫的购买氛围。例如，主播可以在直播间设置一个倒计时器，并在屏幕上显示剩余库存数量，提醒观众尽快下单，以免错过机会。或者宣布："这款产品只剩最后一小时的特价时间，错过就没有这个价格了！"这种紧迫感能有效地促使观众做出购买决定。

每一位观众都是独一无二的，你要用心发现他们的需求和购买产品的动机，用合适的方式去满足观众。这样，你不仅能够不断提升自己的带货能力，还能与观众建立深厚的情感联结，你的带货之路定能越走越宽。

第二节
促销高手：打造无法抗拒的购物体验

特价优惠、购买即赠、限时购、预售、抽奖……这些促销手段在直播带货中如同魔法“武器”，可以让观众在短时间内产生强烈的购买欲望。但要想让这些“武器”发挥出最大的威力，就需要主播精心策划，巧妙运用。

一、特价优惠：激发购买热情

特价优惠就像是直播带货时的一把火，能迅速激发观众的购买热情。要想让这把火烧得旺，你得先做好功课。

（1）市场调研：看看对手、对标账号是怎么做的，他们的特价活动是否打动人。你要确保你直播间中的特价活动不是跟风，而是有自己独特的卖点，让消费者觉得“这个价，值了”。

（2）成本控制：你要算清楚账，别为了直播间一时的火爆，让自己亏大了。要精打细算，确保钱花在刀刃上，做特价的同时还能保持利润。

（3）限时限量：特价商品一旦加上“限时限量”的标签，往往会成为抢手货。有些观众一看“只剩最后 × × 件”“活动还剩 × × 分钟”，购买的冲动就上来了。但一定别让“限时限量”变成空话，要真正做到“手慢无”。

注意事项

·品牌形象：特价活动的销售效果虽好，但也不能天天以特价吸引观众，否则观众会觉得你的直播间全是便宜货，影响你直播间的品牌形象。

·库存管理：特价商品一旦受欢迎，库存就得有保证。别让观众因为买不到而失望，那样下次他们可就不来了。

二、购买即赠：提升消费者的满意度

赠品是直播带货时给消费者提供的小惊喜，能提升消费者购物时的满意度。

（1）赠品选择：赠品的选择不能随意，而要和主商品搭配得当，让消费者觉得“哇，这个赠品，正好用得上”。比如：买护肤品送小样，买家电送清洁套装，这样才能让消费者感觉到你的用心。

（2）价值感知：赠品的价值要让消费者感到“这次真是赚了”，而不是“唉，又是个鸡肋”。赠品要让人觉得有价值，这样才可能令消费者动心。

（3）宣传策略：在直播中，你得把赠品的价值讲出来，让观众、消费者知道赠品不仅仅是一个商品，还是一个小惊喜。

注意事项

· 成本考量：赠品虽对销售有用，但不能太贵，否则成本可能过高。赠品的性价比要高，要让自己不亏本，还要让消费者感到实惠。

· 风格统一：赠品的风格要和主商品一致，要让消费者感觉到品牌的统一性和专业性。

三、“限时购”：营造紧迫感

“限时购”像是直播带货中的一场赛跑，让观众因时间有限而快速做出购买决定。

（1）时间选择：“限时购”的时间要选在直播的黄金时段，比如：晚上、大家下班后的休闲时间，这样参与的人才会多。

（2）商品挑选：“限时购”的商品应是让人心动的，比如，某热销商品或者网红产品，这样能迅速吸引观众的注意力。

（3）氛围营造：倒计时、紧张的背景音乐、主播的激情解说等都是营造紧张氛围的好帮手。让消费者有种“再不下单就晚了”的紧迫感。

注意事项

·控制时间：限时购的时间不宜过长，一般控制在半小时到一个小时之间，否则观众就失去了紧迫感。

·宣传适度：要宣传“限时购”，但也不能过度，否则观众会认为你在玩套路，反而不愿意参与。

四、预售：未来的诱惑

预售就是让消费者提前为未来的商品买单。

（1）市场分析：预售前，你要提前了解观众的需求，看看观众对什么类型的商品感兴趣。预售的商品要有吸引力，才能让观众愿意提前掏钱。

（2）价格策略：预售的价格要有吸引力，让观众觉得“现在掏钱将来省”。但同时，你也得保证自己的利润，不能因预售而亏本。

（3）宣传推广：预售的信息要提前通过有关社交媒体平台传播出去，让观众知道有这么一件好事即将发生。

注意事项

·预售周期：预售的时间不宜过长，一般控制在一周到一个月之间，太长了消费者可能会失去耐心。

·质量和交付：预售的商品质量要有保证，交付时间要准时，否则消费者会觉得被忽悠了，下次就不再信任你了。

五、抽奖：幸运游戏

抽奖就像是直播带货中的一场幸运游戏，让观众在买到心仪商品的同时，还能享受到赢取奖品的乐趣。

（1）奖品设置：奖品要足够吸引人，可以是热销商品、独家定制商品或是与直播主题相关的特别礼物。

（2）参与方式：抽奖的规则要简单明了，让大家一看就懂。比如，“下单即有机会参与抽奖”“分享直播链接到朋友圈，并将截图发到评论区即可获得抽奖资格”等。

（3）公平公正：抽奖的过程要公开透明。主播可以在直播中实时展示抽奖过程，让大家一起见证幸运儿的诞生。

注意事项

· 奖品成本：奖品的价格要适中，不能太高，否则会增加你的成本压力。要找到既吸引人，又不会让你亏本的奖品。

· 及时公布：抽奖结果要尽快公布，让大家知道自己的参与是有价值的。同时，也可以通过在直播间公布中奖名单来增加直播的互动性。

通过上述方法，你可以更加得心应手地设计直播带货中的促销活动，打造出一个让观众难以拒绝的购物体验，让观众以愉悦的心情完成购买活动。

第三节
数据驱动销售：用数据优化你的直播

数据是直播带货背后的“隐形推手”，因为数据能告诉我们观众喜欢什么风格、粉丝什么时间最活跃，什么商品最受欢迎，等等。掌握了这些数据，你就像握有一张藏宝图，有可能在直播带货中大有收获。

一、了解你的观众

1 观众画像分析

直播带货，首先要做的就是了解清楚你的观众定位。通过数据分析，可以描绘出观众画像：男女比例，年龄段，主要在哪些地区，消费习惯……

例如，你发现你的观众主要是生活在一二线城市的 25−35 岁的白领女性，她们偏爱时尚产品，且消费能力较强。那么，在后续的选品和选择直播内容时，你就可以更多地围绕这部分人群的兴趣和喜好来展开，提高直播内容的吸引力和带货效果。

2 观众行为分析

了解观众在直播间的行为，是优化直播策略的关键。比如，你可以观察观众在哪些时间段活跃，在哪类环节互动最多，对哪些产品点击率最高等。

如果你发现观众在晚上八点到十点这个时间段最为活跃，那么你就可以考虑在这个时间段安排一些互动性强、能够调动观众情绪的抽奖、限时抢购等活动。同时，你可以加大点击率高的产品的推广力度，提高购买率。

二、优化直播内容

1 内容热度分析

什么样的直播内容受欢迎？这是每位带货主播都关心的问题。通过分析观众观看直播的时长、点赞数、评论数等数据，我们可以找出最受欢迎的内容类型。

比如，你发现讲解产品使用方法和技巧的直播内容观众留存率最高，那么就可以在今后的直播中适当增加这类内容的比重。同时，也可以尝试结合时下热点等，推出一些新颖有趣的内容，吸引更多关注。

2 互动环节优化

直播间的互动环节是提升观众参与度和黏性的关键。通过分析观众在互动环节的参与度、反馈等信息，我们可以不断优化互动形式和内容。

比如，你可以尝试设置一些有趣的互动游戏或者问答环节，让观众在参与中感受到乐趣和成就感。同时，你也要及时关注观众的反馈和意见，及时调整互动策略，让直播间更加活跃和有趣。

三、精准选品与定价

1 产品数据分析

直播带货的核心是产品，选对产品至关重要。通过分析产品的销售数量、用户评价等数据，我们可以了解哪类产品受欢迎，哪类产品存在改进空间。

例如，你发现某款手工皂的销量一直不错，且用户评价普遍较好。那么，在后续的直播中，你就可以加大这款产品的推广力度，同时结合用户评价及反馈，对产品的质量、包装等进行优化和改进，提高产品竞争力。

2 价格敏感度分析

价格是影响观众购买决策的重要因素。通过分析不同价格区间的产品销售情况，我们可以采取更合理的定价策略。

比如，你发现观众对价格相对敏感，那么在定价时就要注意避免过高或过低的价格，以免影响销售效果，也可以结合一些促销活动来提高带货商品的性价比和吸引力。

四、提升观众的购买转化率

1 分析转化路径

了解观众从进入直播间到最终做出购买行为的整个转化路径，有助你找出购买转化率的瓶颈，并有针对性地进行优化。

例如，你发现很多观众在观看了产品介绍后并没有立即下单，而是选择了离开。那么，你就可以思考一下是不是产品介绍不够吸引人？或是购买流程过于烦琐？针对这些问题，你可以或优化产品介绍内容，或简化购买流程，提高观众的购买转化率。

2 优化促销策略

促销活动是提升购买转化率的有效手段。通过分析不同促销活动的效果数据，我们可以找出最有效的促销方式。

比如，你发现限时折扣活动的效果最好，那么在后续的直播中就可以多安排一些限时折扣活动。另外，你也可以结合组合优惠、买赠活动等来提升促销效果。

五、持续监控与调整

1 分析实时数据

直播带货是一个动态的过程，你需要实时关注数据变化。通过实时监控直播间的各项数据指标，你可以及时发现问题并进行调整。

比如，在直播过程中，你发现某个时间段的观众流失率较高，那么就可以立即调整直播内容或采用互动方式，吸引观众留下来。同时，你也可以根据实时销售数据来调整产品推广策略，以确保销售效果。

2 定期回顾与总结

除了实时关注数据外，你还要定期回顾和总结。通过对比不同时间段的数据变化，你可以找出规律或趋势，为未来直播策略的制订提供参考。

你可以每周或每月对直播进行一次回顾和总结，分析哪些环节做得好，哪些环节需要改进，并据此制订下一阶段的直播策略。同时，也可以对不同时间段的数据进行对比分析，发现观众喜好的变化并找出销售趋势，及时调整直播内容和策略。

因此，直播带货，不能只顾着吆喝，还要学会看数据、用数据。数据就像一面镜子，既能反映你直播时的优点和不足，也能告诉你观众的真实想法和需求。只要你肯花时间去分析、去实践，那些看似冷冰冰的数字就能变成你带货事业的得力助手。

第四节 完美售后：打造无忧购物体验

作为带货主播，你可能每天都在忙着选品、策划直播内容，但别忘了，优质的售后服务，不仅会让顾客买得开心、用得放心，更是你把顾客变成忠实粉丝的法宝。

一、了解顾客需求：定制化服务

1 倾听是金

直播结束后，别急着下线。要花点儿时间看看评论区，读读私信，观众的留言可能是其需求的体现。比如，有人问：“这件衣服洗了会不会褪色？”这就是个信号，说明有些观众在乎该产品的耐洗性。记下来，下次直播时你可以介绍一下这方面的信息。

2 个性化跟进

你可以看看哪些顾客买了什么商品，然后可以私信问：“亲，上次买的眼影颜色还满意吗？”类似这样个性化的关怀，能让顾客感受到你的用心。

二、简化流程，快速响应

1 清晰的退换货政策

在你的直播间里，挂上一个明显的退换货政策牌子，或者在每次直播开始和结束时都重复一遍退换货政策，如：“亲爱的朋友们，如果收到的商品有问题，七天内无理由退换！”简单明了，让顾客一看就懂。

2 快速响应机制

你可以设立一个专门的微信号或建一个微信群，专门进行售后服务。你可以向顾客说明：如果顾客有问题，可以直接在群里提问，你保证 24 小时内必有回应。这样的服务，能让顾客感到安心。

三、利用社交媒体平台增强互动

1 建立社群

创建一个微信群或者 QQ 群，让你的粉丝们有个“家”。在这里，他们可以分享自己的穿搭照片，讨论使用商品的心得等。你也可以在这里发布直播预告，增强粉丝的归属感。

2 定期直播答疑

每周或每月安排一次专门的答疑直播，用来解答顾客的疑问。比如，现场演示如何正确清洗羽绒服，分享一些搭配小技巧……这样的直播不仅能解决顾客的问题，还能提升粉丝黏性。

四、找好合作伙伴，共同服务

1 选择可靠的供应商

挑选那些能提供良好售后服务的供应商合作。比如，你可以在直播中说："这个品牌的鞋子我穿过，质量没得说，而且他们承诺 30 天无忧退换，大家放心购买。"

2 选择可靠的物流公司

和物流公司搞好关系，让他们成为你的后勤保障。比如，你可以和物流公司协商，让其提供上门取件服务，让顾客退换货更加方便。

五、处理投诉，化危机为转机

1 积极面对，不逃避

顾客投诉时，正面回应是关键。在直播中或者私信里，你都要表现出你对问题的重视。你可以说："亲爱的，我看到你的反馈了，这个问题我马上去处理，请给我一点儿时间。"

2 详细了解情况

询问顾客具体细节，比如："这个商品是什么时候购买的？""你是在什么使用情况下出现的这个问题？"这些发问，有助于你解决问题，也可以在今后的直播中提醒大家，还可以将有关问题反馈给商家。

3 快速解决问题

顾客投诉后，你要迅速给出解决方案。如果是商品的质量问题，可以提供退换货服务；如果是服务问题，可以向顾客承诺加强培训，防止再次发生类似情况。

4 后续跟进

问题解决后，后续要跟进。你可以问问顾客对处理结果是否满意，是否有其他需要帮助的地方，这会让顾客感受到你的真诚和负责。

六、处理退单，让退单的顾客也能变为粉丝

1 了解退单原因

当顾客提出退单时，你要了解一下其退单的原因。是因为商品质量问题、物流问题，还是顾客个人原因？这样，你今后才能有针对性地解决问题、改进工作。

2 提供便利的退单流程

要确保退单流程简单快捷，不要让顾客觉得退货麻烦。你可以提供上门取件服务，或者指导顾客如何快速完成退单操作。

3 退单后的关怀

退单并不意味着双方关系的结束。在顾客完成退单后，你或负责售后的人可以发送一条关怀信息："亲，虽然这次购物没能让您满意，但我希望未来还能有机会为您服务。"

4 从退单中学习

每次退单对你来说都是改进服务或提高商品质量的机会。分析退单的原因，看看是因为商品描述不清楚，还是因为物流服务不到位，等等。分析原因，不断优化你的直播带货全流程。

每次进行售后服务后，都要问问自己：“这次服务得怎么样？顾客满意吗？有什么可以改进的地方？”通过不断总结和改进，你的直播带货之路会越走越顺。

第六章

直播带货的营销策略

第一节 为直播造势：充分利用社交媒体平台

社交媒体已成为人们日常生活的一部分，它们不仅是人们交流的平台，也是商业营销的重要舞台。对于直播带货的主播来说，自己的社交媒体账号也是为自己的直播间造势的平台。

一、社交媒体账号的日常经营原则

1 明确定位与目标群体

在经营社交媒体账号之前，你首先要明确自己的定位和目标群体。你是卖什么产品的？你的目标用户是哪些人？他们有什么需求和喜好？只有明确了这些问题，你才能有针对性地制订营销策略，吸引目标用户。

2 保持更新频率

社交媒体账号的活跃度是衡量其影响力的重要指标之一。要保持账号的活跃度，就要定期更新内容，要让粉丝有新鲜感，并让他们养成定期关注的习惯。

③ 互动与反馈

不要忽视自己的社交媒体平台中粉丝、用户的每一条评论和私信，及时回应其疑问和建议，让其感受到你的真诚和用心，从而增强粉丝的黏性。

二、发布高质量内容

① 内容要有价值

无论是文字、图片还是视频，都要确保其内容有价值，能够给用户带来实用的信息或者情绪价值。

② 注重内容的视觉效果

在社交媒体上发布内容，内容的视觉效果往往能决定该内容的传播广度。因此，要注重内容的排版、配色、图片或视频的质量，让内容看起来有吸引力。

③ 结合热点话题

关注热点，结合热点话题制作内容，能够增加内容的曝光度和话题性，吸引更多人的关注。

三、日常内容的制作

① 制订内容制作计划

提前制订内容制作计划，包括每周的主题、发布的时间等，这样能够确保内容的有序性和连贯性。

2 采用多种形式

不要局限于一种形式，可以尝试使用图文、短视频等多种形式来呈现内容，让用户、粉丝常有新鲜感。

3 注重内容的创新性

创新是吸引粉丝的关键。无论内容，还是表现形式，都可以进行创新。

四、巧妙融入带货商品，打造吸引人的内容

1 故事化营销

通过讲述与商品相关的故事，将商品自然地融入内容。故事可以讲述商品的使用场景、背后的设计理念，也可以讲述与商品相关的一些有趣事件。这样的内容不仅能吸引用户和粉丝的注意力，还能让他们对商品产生更多的兴趣和好感。

比如，你可以分享使用某款护肤品的经历，描述使用前后的皮肤的反差、变化，以及这款护肤品如何帮助你在某个特殊场合焕发光彩。故事化的内容，既展示了商品的效果，又让粉丝感受到了你的真诚。

2 对比展示

在不侵权的情况下，将自己带货的商品与其他同类产品进行对比，突出这款商品的优势和特点。这种方式可以让粉丝更加直观地了解该商品的优势，同时也增加了内容的可信度。

比如，你在制作某款手机的评测视频时，可将你带货的手机与市场上其他热门手机进行对比，展示其在性能、拍照、续航等方面的优

势。这样的内容既具有信息价值，又能引起粉丝的兴趣。

3 互动问答

通过发起互动问答，引导用户、粉丝关注你带货的商品。你可以提出一些与商品相关的问题，鼓励粉丝在评论区留言回答，或者参与投票选择。这种方式既提升了用户、粉丝的活跃度，又能让他们对商品有较多了解。

比如，你可以在有关社交媒体平台上发布一条关于某款新上市运动鞋的内容，并提问："这款鞋子哪个颜色最适合夏天穿搭？"鼓励用户、粉丝在评论区留言、分享自己的看法。这样的互动问答不仅能使用户、粉丝产生参与感，还能增加商品的曝光度。

4 创意短视频

制作创意短视频也是一种有效的带货方式。你可以将商品融入有趣或有创意的故事情节中，潜移默化地吸引粉丝的注意力。

比如，你可以制作一个关于某款零食的创意短视频，通过夸张的表演和幽默的对白，展现这款零食的美味和独特之处。这样的短视频不仅能够让用户、粉丝会心一笑，还能让他们产生购买欲望。

5 实用教程

针对带货商品的特点和用途，制作一些实用教程也是不错的选择。教程可以是向大家展示如何正确使用商品，也可以是分享一些与商品有关的实用技巧。

比如，你带货的是一款厨房电器，你可以制作一个使用这款电器制作美食的视频，让粉丝感受到这款电器的实用性和便捷性。

五、了解社交媒体平台的直播带货规则

1 了解平台规则

不同的社交媒体平台对于发布内容的格式、直播时长、商品链接的添加方式等有不同的规则或限制。在开始直播带货前，一定要先了解清楚平台的规则，避免违规操作。

2 合理利用平台资源

平台会提供一些推广资源和推广方式，比如付费推广、定向推送等。你可以根据自己的需求和预算，合理利用这些资源和工具，提升直播间的曝光度和流量。

3 关注平台政策变化

平台的政策会不定时调整，如对直播带货的限制、对商品类别的要求等。作为主播，要关注平台的政策变化，及时调整自己的营销策略。

一个优质的社交媒体账号，能够起到为你的直播带货引流、聚粉、提效的作用。每一次互动，每一份内容的更新，都是在为你的直播带货打基础、聚人气。

第二节
合作共赢：与其他主播或品牌携手

直播带货，单打独斗虽然可行，但与其他主播合作或与品牌合力，往往能带来意想不到的效果。与其他主播或品牌携手合作，就像是为自己找到一个强大的盟友，不仅可以扩大自己的影响力，还能为观众带来多元化的产品选择。

一、合作策略分析

1 互补优势，实现共赢

与其他主播或品牌合作时，要考虑双方的互补性。比如，你是个擅长美妆的主播，你可以为自己找个时尚穿搭达人作为合作伙伴。你们俩一起直播，既能展示妆容，又能向观众展示时尚服饰搭配，这样的组合是不是很吸引人？这就是优势互补的魅力所在。

找到与你的风格相辅相成的合作伙伴，能让你们的直播更加精彩，吸引更多观众。

② 扩大受众，提升知名度

好的合作是互惠互利的，比如，有些观众可能会因为你的合作方而关注你，反之亦然。合作双方通过共享彼此的用户、粉丝资源，双方的知名度和影响力都可能有所提升。

③ 增强信任，提升转化率

当你和一个信誉良好的主播或品牌合作时，你的用户、粉丝会觉得更安心。因为他们知道，该主播推荐的，或该品牌的商品，质量是有保障的。这样一来，直播间的粉丝转化率自然就会提高，销售额也会随之增加。

二、新手主播如何选择合作方

① 了解合作方的定位与受众

在选择合作方时，首先要看对方是否符合你的目标观众的“口味”。比如，你的粉丝大多是追求自然美的，那么和一个浓妆艳抹的主播合作就不太合适；你的粉丝追求健康自律的生活，那么你与某个主营高热量方便食品的“大胃王”合作“吃播”就不太合适。只有和与你风格相近的伙伴合作，你们双方才能更好地实现资源共享。

② 考察合作方的信誉和口碑

信誉和口碑就像是合作方的“身份证”，它能告诉你这个合作伙伴是否值得信赖。你可以通过查看其历史直播、粉丝评论等方式，来判断对方是否是一个好的合作伙伴。

3 分析合作方的产品或服务

如果你打算和某品牌合作，那么对方产品的质量非常重要。你需要确保其产品不仅符合你直播间的定位，而且产品质量要过硬。如果你是和其他主播合作，那么对方此前日常的直播内容以及其直播风格也是你需要考虑的。

三、如何联系合作方

1 私信沟通

你可以在社交媒体平台通过私信和你想要合作的主播或品牌联系。在私信里，你可以介绍一下自己，说说你对合作的想法，让对方知道你是认真的。

2 邮件联系

如果对方有公开的邮箱，你也可以发邮件来表达你的合作意向。邮件里要说清楚你是谁，你想怎样合作，以及合作能为双方带来的好处。

3 参加行业内的活动

参加行业内的活动是认识新朋友的好机会。你不仅有可能遇到潜在的合作伙伴，还能了解行业最新动态。

四、合作过程中需要注意的事项

1 明确合作目标

在合作开始之前，你们需要进行全方位的沟通，明确双方合作的目标、双方期望的合作结果等。这样，双方才能朝着同一个方向努力。

② 制订合作计划

合作计划就像一张地图，它能指引合作双方一步步走向目标。计划要包含合作的具体内容、时间表、各自的责任等。

③ 保持沟通顺畅

合作的过程中要保持坦率、畅通的沟通，及时解决问题。

④ 尊重对方的权益

合作是建立在相互尊重的基础上的。你要尊重对方的权益，不能擅自使用对方的资源，也不能泄露对方的商业秘密。

⑤ 及时总结反馈

合作结束后，双方要一起回顾整个合作过程，总结做得好的地方和需要改进的地方。这样，下次合作时就能更顺畅、效果更好。

云子是一位全职妈妈，她一直致力于在社交平台上为新手父母提供实用的育儿知识和高性价比的产品推荐，并走上直播带货之路。然而，直播带货的竞争日益激烈，云子深知单打独斗难以长久，于是她决定寻找合作伙伴，共同开拓更广阔的市场。

在众多母婴用品品牌中，云子选择了A品牌——一个专注于母婴健康与安全的知名品牌。A品牌以其高品质和创新性设计赢得了众多年轻父母的信赖。云子相信，通过与A品牌合作，她不仅能够为观众提供更加优质的产品，还能提升自己在直播带货领域的美誉度和影响力。

云子通过A品牌的官方社交媒体账号向对方表达了合作意愿，并详细阐述了自己的直播风格、粉丝特点以及双方合作可实现的潜在价值。A品牌对云子的真诚和专业表示赞赏，并很快安排了一次线上会议，双方就合作细节进行了深入讨论。

在会议中，云子提出了一个具有创新性的合作方案——“亲子共育直播系列”，她计划在直播中结合自己的育儿经验介绍A品牌母婴用品，并发起观众可参与的亲子互动游戏，以此增加直播的知识性和趣味性。

合作正式启动后，云子在直播中展示了A品牌的各类母婴用品，如婴儿护肤品、安全座椅等，并结合自己的育儿经验，为观众提供了实用的育儿技巧。这种产品展示与实用知识相结合的直播受到广大年轻父母的热烈追捧，直播间的观看人数和互动率大幅提升。

A品牌也在其官方渠道对云子的直播间进行了大力推广，使得云子的直播成为母婴用品领域的热门话题。双方合作期间，云子的粉丝数量增长了近40%，而A品牌的销售额也有了显著提升，双方均获得了超出预期的成果。

通过与其他主播或较知名的品牌进行合作，新手主播不仅能在合作中学习和成长，还能拓宽自己的发展道路。切记：要谨慎选择合作方，双方要保持顺畅沟通，要尊重对方的权益。这样，你一定能拥有能和你一起赚钱、一起成长的好伙伴。

第三节
重视节日与活动：抓住特殊时机提升销售额

节日以及平台的相关活动，是直播带货时要重视的重要节点，要注重通过它们提升直播间的人气，有效促进销售。那么，如何在这类特殊的时机中抓住商机，提升销售业绩呢？

一、节日营销策略

节日是人们寄托情感的重要载体，也是消费动机被激发的高峰时期。在节日前夕或节日期间，人们往往很容易做出购买决策，对于直播带货来说是绝佳的销售机会。精心策划并实施与节日有关的营销活动，可以有效地吸引观众的注意力，增加直播间曝光度，从而提升销售业绩。

1 节日直播主题

节日直播的主题设置至关重要。我们需要根据节日的特点及其文化内涵，设计与之相关的直播主题。例如，在春节这个充满喜庆和万家团圆的节日里，我们可以推出类似“新春大吉，好礼送不停”的主题直播。在直播过程中，我们可以展示、推荐与春节相关的节日商品，如年货、装饰品、新年服饰等，同时穿插一些春节的习俗和文化介绍等内容，让观众在购物的同时也能感受到浓浓的传统文化氛围。

2 限时抢购

节日期间，人们的购物热情高涨，设置限时抢购环节能够进一步刺激人们的购买欲望。我们可以设定整点抢购或者在直播过程中的某个特定时间段开启抢购环节，通过倒计时和营造紧张刺激的氛围，让消费者感受到购物的紧迫感和乐趣。

3 节日特惠

节日特惠是吸引观众的重要手段之一。我们可以根据节日的特点和消费者的需求，提供节日专属折扣和优惠，可以是直接的价格优惠，也可以是满减、买赠等形式的优惠。

二、特殊活动的运用

除了传统节日外，还有一些特殊活动如“双 11”“618”等，也是提升直播带货销量的好时机。这些活动往往伴随着大量的宣传和人们对折扣、优惠的期待，因此，主播需要提前做好准备，设计吸引人的活动方案。

1 预热宣传

在活动开始前，我们需要借着活动日全网的热度，通过各种渠道进行预热宣传，提前吸引潜在消费者的注意。我们可以利用社交媒体、短视频平台等渠道发布直播预告视频或者图文信息，透露活动的亮点和优惠信息。我们还可以邀请合作伙伴或合作品牌进行联动宣传，扩大活动的影响力。

2 活动主题与玩法设计

特殊活动的主题和玩法设计也是至关重要的。我们需要根据活动的特点和目标受众的需求，设计具有吸引力的主题和玩法。例如，在“双 11”购物狂欢节期间，我们可以设计“快乐购物赢大奖”等主题活动，通过购物满额抽奖、好友助力等方式，增加观众的参与度和互动性。

三、实体店与线上直播同步促销

对于拥有实体店的商家而言，在节日和特殊活动期间，线上线下同步促销是一个极佳的策略，既能扩大销售范围，又能提升品牌影响力。

1 线上线下同步优惠

活动期间，实体店和线上直播间应该提供相同的优惠活动，确保消费者无论选择哪种购物方式都能享受同样的优惠。这样，既能吸引线上消费者到实体店体验，也能鼓励实体店顾客关注线上直播，更多地参与互动和购买。

2 互动引流

在直播中，主播可以引导观众前往实体店体验产品，或者介绍实体店的特色和服务。同时，实体店也可以摆放出直播二维码或链接的图片，方便顾客扫码观看直播，即时了解产品详情和优惠信息。通过线上线下互动，实现流量的双向引流。

3 线下体验，线上购买

对于某些商品，消费者可能更希望先亲自体验再购买。因此，实体店可以提供产品体验区，让消费者在店内试用产品，然后可以随时在线上下单购买。这样既能让消费者放心，又能减少库房的压力。

4 会员制度同步

实体店和线上直播间的会员制度应该同步，确保会员无论在哪里购物都能享受到相应的会员权益。同时，可以设置一些跨平台的会员专属优惠，鼓励会员在多个平台消费。

随着情人节的临近，位于城市繁华地段的某甜品店店主李女士开始忙碌起来。她深知这个充满浪漫氛围的节日，是提升店铺知名度和销售业绩的绝佳时机。因此，她决定亲自上阵，线上线下同步促销。

李女士精心策划了情人节的促销活动——“甜蜜情人节，为爱放‘价’”：凡情侣到店消费，即可享受买一赠一的甜蜜优惠；同时，在线上直播间下单购买情人节限定甜品的观众也能享受买一赠一的优惠。

情人节期间，李女士通过直播平台与粉丝们进行互动：她详细介绍了店内的热销甜品和情人节限定款，分享了某些甜品的制作过程和背后的故事。在直播过程中，李女士还邀请了几对情侣到店内试吃甜品，并让他们分享自己的爱情故事和甜蜜瞬间。这既让观众们感受到了浓浓的节日氛围，感受到了爱情的美好，也增加了他们对该店铺的好感和信任。

为了方便更多观众能品尝到店内的美味甜品，李女士在直播中特别提到了店铺的线上购买渠道。她详细介绍了如何通过线上平台下单、选择配送方式等步骤，并承诺会尽快将新鲜出炉的甜品送至顾客手中。同时，实体店还设置了专门供顾客试吃甜品的区域，并提供二维码供顾客扫码关注店铺的线上平台。

通过这次情人节线上线下同步促销活动，李女士的甜品店取得了优异的销售业绩，赢得了众多消费者的喜爱和好评。

节日和特殊活动期间是直播带货的黄金时期。而机会总是留给有准备的人的。相信通过精心策划，打造与节日氛围相匹配的直播内容和互动活动，提供有吸引力的优惠和折扣，你直播带货的商品销量定能实现飞跃。

第四节
品牌建设：打造个人 IP

对于已经有一定粉丝基础和直播经验的主播来说，深化品牌形象、实现个人 IP（成名）化，是进一步提升品牌影响力和粉丝黏性的关键。那么，如何将个人品牌推向新高度，让粉丝愿意在你的直播间下单呢？

一、挖掘个人特质，强化品牌辨识度

每位主播都有自己独特的魅力和特质，这些特质正是自己与其他主播区分开来的关键。你需要深入挖掘自己的个人特质，并在直播中不断强化这些个人特质，巩固自己独特的品牌风格。

（1）个性化语言表达：找到自己的语言风格，如使用特定的口头禅、方言或者让自己有独特的说话节奏，让粉丝一听就能联想到你。

（2）幽默感：在直播中穿插幽默元素或体现幽默感，让粉丝在轻松愉快的氛围中享受购物体验。

（3）专业知识展示：定期分享自己直播领域内的专业知识，如美妆技巧、穿搭指南等，提升自己在观众中的专业形象。

通过不断强化你的个人特质，你的直播间将逐渐具有辨识度，粉丝也能更容易记住你，从而更愿意在你的直播间下单。

二、聚焦专业领域，树立行业权威

在直播带货领域，专业知识是树立权威的关键。如果你已经具备一定的专业知识，并且已经积累了一些直播经验。接下来，你需要进一步聚焦自己的专业领域，不断学习和提升自己的专业素养。

（1）深入研究产品：对自己将要推荐的产品进行深入了解，了解产品的方方面面以及适用人群等，为粉丝提供详尽的购物指导。

（2）分享自己对直播带货行业的见解：定期分享相关行业动态、分析趋势，展现你对行业的深刻理解和前瞻性等。

（3）购物建议：根据观众的需求和反馈，提供个性化购物建议，帮助大家做出更明智的选择。

通过分享专业的产品知识、对所处行业的见解，以及为观众提供购物建议等，你就能逐渐在观众心中树立起较为专业的形象，赢得粉丝的信任和尊重。这样，粉丝在购买相关产品时，自然会首选你的直播间。

三、深化粉丝互动，建立情感连接

有了一定的粉丝基础后，你需要更加注重与粉丝的互动和沟通。

（1）粉丝见面会：定期举办粉丝见面会，通过线下活动拉近与粉丝的距离。

（2）线上互动活动：在直播间不定期设置互动环节，如问答、投票、抽奖等，提高粉丝的参与度。

（3）一对一连线：通过直播间的连线功能，与粉丝进行一对一的交流，让他们感受到被重视。

在与粉丝互动的过程中，你需要保持真诚和热情的态度，让粉丝感受到你的关心和尊重。

四、构建私域流量池，强化粉丝黏性

私域流量是实现个人品牌 IP 化的重要资源。如果经过努力，你已有一定的粉丝基础，则意味着你已经积累了一定的私域流量。接下来，你需要构建和完善自己的私域流量池。

（1）建立多等级粉丝社群：建立不同级别的粉丝社群，为粉丝提供专属内容和福利。

（2）个性化推送：根据粉丝的购买历史和购物偏好，向其发送个性化产品推荐和优惠信息。

（3）会员制度：设立会员制度，为不同级别的会员提供差异化服务和不同的优惠。

通过以上这些措施，你可以更好地维护和利用私域流量，增强粉丝的黏性，使其今后更倾向于在你的直播间停留、消费。

五、跨界合作与资源整合，扩大品牌影响力

经过一段时间的用心付出和努力，作为有经验的主播，现在你应该已经具备了一定的资源整合能力。接下来，你可以考虑与其他领域的知名人士或品牌进行跨界合作，以扩大自己的影响力和知名度。

（1）跨界合作项目：与其他领域的主播合作，共同推出联名产品或活动，吸引更多关注。

（2）资源整合：利用自己的人脉和资源，与品牌方建立合作关系，获取更多优质产品资源。

（3）互动交流：参与行业交流会、论坛等活动，与同行交流经验，进一步提升自己的能力以及行业地位。

通过跨界合作，你不仅能够获得更多的曝光机会和流量资源，还能够借助合作伙伴的资源和优势，提升自己直播内容的质量。同时，通过与其他领域的知名人士或品牌进行互动和交流，你能学习到更多知识和经验，进一步提升自己的专业素养和综合能力。

小薇是一位热爱瑜伽的直播主播，她通过自己的直播间在网络上吸引了一大批忠实粉丝。她意识到，要想在竞争激烈的直播市场中脱颖而出，必须深化个人品牌形象，实现品牌 IP 化。于是小薇在直播中更多地分享她的瑜伽哲学和生活方式，并用她温暖的声音和专业的指导，让每个进入直播间的人都能感受到瑜伽带来的平静与和谐。她的直播间不仅是

学习瑜伽的地方，更是一个精神的休憩之所。

为了进一步提升自己的专业形象，小薇参加了国际瑜伽联盟的培训，并获得了认证导师资格。她的直播间里，不仅有基础的体式教学，还有针对不同人群的定制课程，如办公室瑜伽、孕妇瑜伽等，满足了不同粉丝的需求。小薇还积极与粉丝互动，不仅在直播中回答粉丝的问题，还经常在社交媒体上分享自己练习瑜伽的心得和健康生活小贴士，与粉丝建立起深厚的情感联结。

随着个人品牌逐渐成熟，小薇开始与瑜伽用品品牌合作，推出专属瑜伽垫和服装，进一步扩大了她的品牌影响力。她的直播间不仅成为瑜伽爱好者的学习平台，还逐渐成为一个瑜伽生活方式的推广中心。通过努力，小薇成功地将自己的直播间打造成知名的品牌，粉丝只愿意在她的直播间下单购买和瑜伽相关的产品和服务。

打造个人 IP 并非一朝一夕就能做到，你需要不断地学习、创新和努力。你的目标不仅是成为一个主播，更是成为一个有影响力的品牌。通过实施上述策略，你将能够吸引并留住忠实粉丝，让你的直播间成为粉丝的精神家园及购物首选场所。

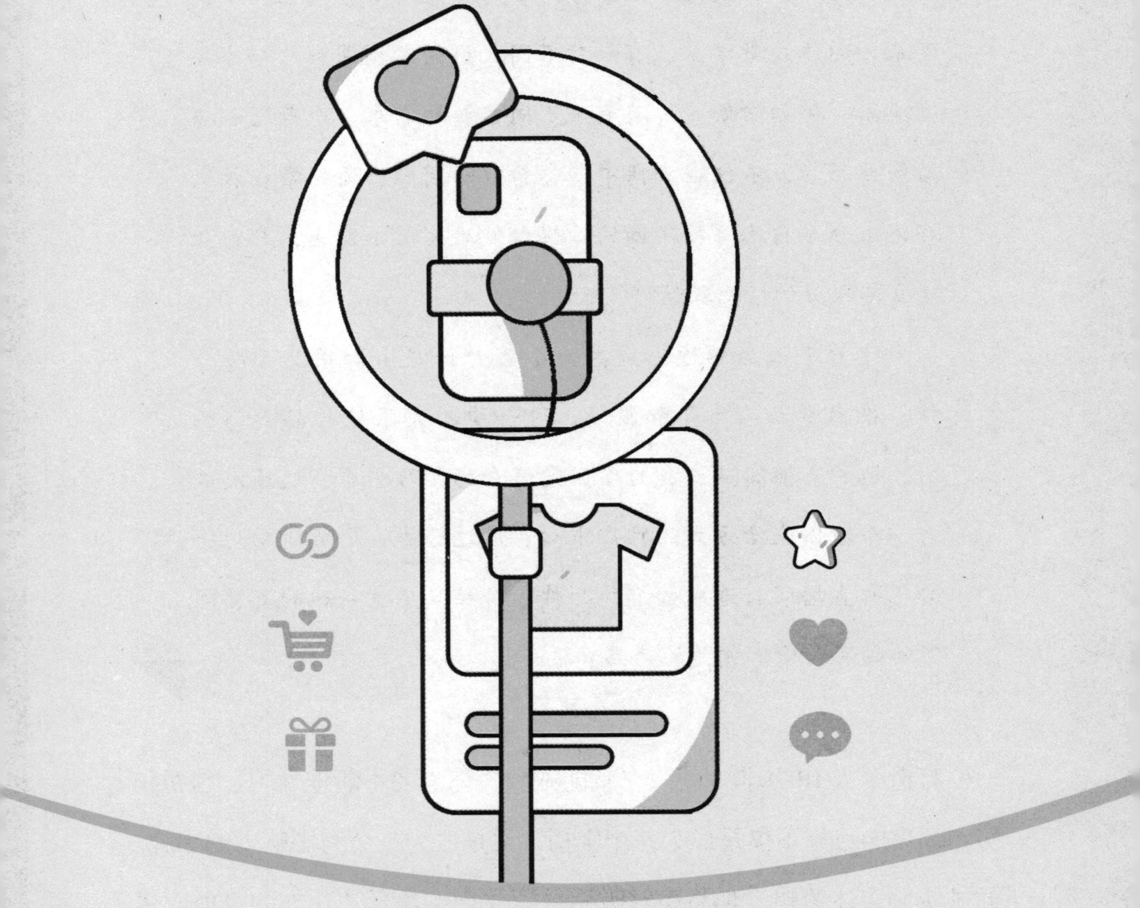

第七章

直播进阶：从新手到专家

第一节
直播复盘：从每次直播中学习、成长

直播结束后，你可能已经精疲力尽，但此时正是复盘的黄金时段。复盘能让你了解自己在直播过程的亮点和不足，从而有的放矢地进行改进。

一、复盘的三大维度

1 人员复盘

直播不是单打独斗，而是团队协作的艺术。每个团队成员的表现都至关重要，因此，复盘时你要全面审视每位成员的表现。

（1）主播状态：检视自己的精神状态。你是否全程保持热情和活力？你的互动话术是否自然流畅，能否有效吸引观众？产品介绍是否清晰、有吸引力……如果复盘时发现自己在某些环节表现不佳，就要记录下来，下次直播时重点改进。

（2）场控指挥：场控是直播的幕后英雄。复盘直播时，要审视场控是否有效掌控了直播节奏？选品、排品是否合理？在直播中是否能够及时调整策略，应对突发状况……这些都是复盘场控的关键点。

（3）中控操作：中控负责直播的后台操作，他们的效率直接影响直播的流畅度。复盘直播时，要审视中控是否操作流畅？有没有出现失误？是否能够及时响应主播和场控的需求……中控的高效表现是直播成功的重要保障。

2 产品复盘

产品是直播的心脏，是吸引观众的关键。复盘时，要重点关注产品的吸引力。

（1）哪些是热销产品：分析哪些产品受欢迎。它们受欢迎是因为价格优势还是产品具有独特性？还是因为你的介绍特别到位？对于热销产品，要考虑是否增加库存，或者在下一场直播中给予更多展示。

（2）哪些是退货率高的产品：分析产品退货率高的原因。是质量问题，还是介绍不清晰？是否需要改进产品描述或调整产品的展示方式？对于退货率高的产品，要深入分析原因并及时调整策略。

3 数据复盘

数据是直播效果的直观反映。复盘时，要重点关注流量、互动和转化率等关键数据。

（1）流量来源：分析观众自然推荐和短视频引流所占的比例。这两个流量来源的比例越大，越有可能盈利。要在复盘时考虑如何提高这两种流量的比例？是否可以通过优化直播封面、标题或者提升直播间的“人货场”（主播、货物、环境）来吸引更多自然流量？

（2）互动数据：转粉率、评论率、停留时长是衡量直播互动效果的关键指标。复盘时要考虑如何提高这些数据？是否可以通过优化互动话术、设置互动游戏等方式来吸引观众参与？

（3）转化率：复盘时要分析为什么有些用户创建了订单却不支付。是因为价格问题，还是对产品不够了解，或者是对物流和售后有顾虑？针对这些问题，要考虑如何进一步优化直播内容和提升用户信任度。

二、复盘的实用技巧

1 录屏回顾

录下直播的全过程，尤其是前半个小时，这是直播时算法推荐的关键时段。通过看回放，你可以发现自己直播时的小动作、语气变化等细节问题。改进这些细节之处，有可能进一步提升直播质量。

2 数据分析

利用直播平台提供的数据分析工具，深入分析直播间后台数据和用户行为。找出哪些手段能够有效促进用户下单，哪些环节可能导致用户流失。数据分析可以帮助你更客观地评估直播效果，并为改进工作提供依据。

3 团队讨论

如果你有团队，那么团队讨论是不可或缺的复盘环节。团队成员从不同角度提出的反馈和意见，可以帮助你更全面地了解自己的表现。团队讨论不仅可以发现问题，还能激发出新的创意和灵感。

三、复盘后的行动计划

复盘的目的是改进。要根据复盘结果，制订具体的行动计划。

1 优化话术

让话术更加生动有趣，提高互动率。比如，尝试用讲故事的方式介绍产品，或者用幽默的语言吸引观众，让直播氛围更加轻松愉快。

2 调整直播节奏

根据有关数据，调整商品的展示时间。如果发现对某个商品的介绍时间过长导致观众流失，那么下次就缩短介绍时间，增加互动环节。要保持直播节奏的紧凑感和流畅感，让观众始终保持兴趣。

3 改善商品的展示方式

确保充分展示每个商品的卖点。如果某个商品退货率较高，可能是因为观众对商品的实际效果有疑虑。对于该商品可以考虑增加更多的实物展示或使用演示环节，让观众更直观地了解商品。

主播晓雨深知直播结束后的复盘对于提升直播质量的重要性。每次直播完毕，无论时间多晚，她都会静下心来，认真复盘。这个习惯让她在直播的道路上越走越稳。

在复盘的过程中，晓雨像侦探一样审视自己的表现。从直播的开场白到产品介绍，再到互动环节，在直播前，每一个细节都经过她的精雕细琢。但在复盘时，她意识到，自己在介绍产品时会因过于注重细节而忽视了和观众的情感交流。为了改善这一点，她开始尝试在介绍产品时融入更多的故事和情感元素，让直播不仅传递信息，更能触动人心。

数据复盘是晓雨特别重视的环节。她会深入分析观众的来源、互动数据和粉丝转化率，找出直播中的亮点和不足。她发现，优化直播的标题和画面可以有效提升自然推荐流量，吸引更多观众和潜在买家。她还注意到，直播时的某些时段观众的互动特别积极。她将这些发现记录了下来，并在之后的直播中做出相应调整。

其实，进步就是这么简单：每做完一件事，要想想哪些地方做得好，下次继续；哪些地方做得不好，下次改正。每次直播后，都要给自己留点儿时间，认真复盘。这样，你的直播事业就会越做越好，生意会越来越红火。

第二节 粉丝反馈：认真倾听并改进

粉丝的反馈会反映出你直播的长处与不足。倾听和利用这些反馈，能够帮助你不断进步，提升直播的质量。

一、以开放的心态去倾听

1 用心听观众的建议

（1）主动请求反馈：直播结束后，不要急于下线，而是留出几分钟时间，真诚地问观众：“今天的直播大家满意吗？有没有需要改进的地方？”征求意见并倾听，不仅能够让观众感受到你的诚意，还能直接获取有用的建议。

（2）留意弹幕：直播时，弹幕留言就是观众的心声，有的弹幕可能会说：“主播，你今天的妆容真好看！”或“这个产品介绍得太复杂了，听不懂。”这些都是宝贵的意见，要认真对待。

2 保持开放的心态

（1）接受批评：面对负面反馈，你可能心里会感到不舒服，但正是某些中肯的批评，指出了你改进的方向。比如，有观众可能会说："主播，今天的互动环节太无聊了。"这时，你就要思考如何让互动环节更有趣。

（2）感谢每一条反馈：无论是正面反馈还是负面反馈，都是观众对你的认可和期待，都有助于我们进一步提高。记得在直播中或者直播后，向观众表达你的感激之情。

二、分析与整理

1 归类反馈

（1）正面与负面：将反馈分为两类，正面反馈让你知道哪些地方做得好，继续保持；负面反馈则指出了你需要改进的地方。比如，观众反馈"产品介绍很详细，但语速太快"，这就是一个关于语速的改进点。

（2）具体与抽象：有时候，观众的反馈可能会很抽象，比如"希望直播更有趣"。这时，你需要将其具体化，思考采取什么样的方法使直播"有趣"。

2 找出共性

（1）重复性的问题：如果在多次直播中都有观众提到同样的问题，如"直播画面不够清晰"，这就是一个需要优先解决的问题。

（2）趋势分析：通过分析一段时间内观众的反馈，你可以发现观众喜好的变化。比如，开始时观众喜欢听你讲故事，但后来更喜欢直接看商品展示，这就提示你需要调整内容策略。

三、行动起来

1 制订改进计划

（1）短期与长期计划：根据紧迫性，制订改进计划。比如，观众反映直播画质不佳，短期内的解决方式可以是调整摄像头设置，长期的解决方法则可能需要购买更好的设备。

（2）可执行性：计划要切实可行，如“提高互动环节的趣味性”，具体解决方法可以是设计几个简单的游戏，或者准备一些互动话题。

2 透明沟通

（1）反馈回应：在直播中或者通过社交媒体，公开回应观众的建议和意见。比如，有观众建议“希望看到更多生活类商品的推荐”，你可以在下次直播中特意说明并增加这类商品的介绍。

（2）进展更新：定期向粉丝汇报改进工作的进展，让粉丝看到你的努力和直播的变化。比如，你可以在直播中说：“上次有朋友提到希望我讲解 ×× 产品的使用方法，今天我特意准备了详细的演示，希望对大家有所帮助。”

小陈对手账文化充满热情，她决定通过直播分享自己对手账的热爱以及使用手账时的创意。刚开始直播时，她的直播内容主要围绕手账的装饰和设计，但很快她发现，观众对手账的实际应用和内容规划更感兴趣。

在一次直播互动中，观众提出一个问题："这些漂亮的手账真的实用吗？"这让小陈意识到，她需要在直播中展示手账的功能性和实用性。于是，她开始调整直播内容，不仅展示美观的手账设计，还教大家如何利用手账规划日常任务、记录重要事件，以及如何通过手账提高生活和工作的效率。

为了增加直播的互动性，小陈还设计了一系列"手账实战"环节，她会在直播中挑战一周内完成一个特定主题的手账布局，并邀请观众一起参与，分享他们的手账使用规划和使用心得。这种实战加互动的方式，不仅让观众感受到使用手账的乐趣，也帮助他们解决了实际问题。

小陈还注意到，许多观众对手账的材质和耐用性有疑问。因此，她在直播中加入了对手账产品的评测环节，从纸质、装订到使用感等方面进行详细解说，帮助观众了解如何选择适合自己的手账。

随着直播内容不断丰富，小陈的观众群体逐渐扩大，她的直播也越来越受手账爱好者的欢迎。小陈的成功案例证明，即使是细分的手账文具领域，通过倾听观众的反馈，结合实际应用场景，也能创造出有价值的直播内容，实现个人品牌成长。

粉丝的反馈是你直播带货时的宝贵财富。你需要用心倾听观众的声音，用行动回应观众的期待，保持谦逊，不断改进，使直播质量持续提高。

第三节
内容创新：让你的直播永远新鲜

随着时间的推移，观众的口味会变得越来越挑剔，并且期待每次看直播时都能收获新的惊喜，拥有更好的体验。那么，如何让你的直播内容总是有新鲜感，总能吸引观众的眼球呢？

一、定期更新商品

商品是直播带货的核心，想要吸引观众，首先要从商品上下功夫。很多主播在直播时总是重复推销同样的几款商品，这样会让观众感到乏味。因此，定期更新商品线就显得尤为重要。

你可以及时在直播中引入新品牌、新商品，甚至是独家商品，给观众带来新鲜感。同时，你还可以根据季节、节日等因素调整带货商品，如冬天推荐保暖品，情人节推出情侣款配饰等，让直播间的商品贴近观众的需求。

二、尝试不同的直播形式

直播形式单一也是导致观众觉得乏味甚至离开的原因之一。为了使观众常有新鲜感，你可以尝试一些不同的直播形式。

比如，户外直播可以让观众因场景和氛围的变化而产生新鲜感，并增加直播的趣味性；插播或聊幕后花絮可以让观众了解你的工作日常，拉近彼此之间的距离；与其他主播联合直播则可以吸引对方粉丝关注你的直播间。

此外，你还可以尝试一些创新的直播形式，如主题直播、挑战直播等，让观众在参与中感受到乐趣和刺激。

你还可以定期更换直播间的装饰，改变直播间的布置，让观众能经常感受到新的变化。

三、紧跟潮流，把握热点

想要直播内容总是新鲜，紧跟潮流是关键。作为主播，你需要时刻关注社会新闻、娱乐八卦、流行文化以及科技新品等方面的热点。

你可以通过浏览新闻网站、社交媒体平台以及行业论坛的相关内容等途径获取最新的资讯和动态。一旦发现与你的直播内容相关的热点话题，你就要迅速调整直播内容，将热点元素融入其中。这样，观众就能感受到你的直播总是与时俱进，充满新鲜感。

同时，你也可以根据热点话题策划一些有趣的互动环节，如观众投票、话题讨论等，让观众积极参与直播，提高直播的趣味性和互动性。

四、定期更新内容

定期更新直播内容是维持观众兴趣的关键。你可以设定每周或每月的“主题日”，如“美食星期一”“时尚星期五”等，根据每次直播的主题精心策划内容。这样，观众就会对你的直播充满期待。

此外，你还可以根据观众的反馈和需求来调整直播内容。比如，你发现观众对某个产品特别感兴趣，你可以在下次直播中详细介绍该产品；如果观众对某个话题讨论热烈，你可以在下次直播中继续延伸这个话题。通过不断调整和优化直播内容，你可以更好地满足观众的需求，保持观众对直播间的关注度。

阿晨是一位化妆师，他在直播中主要介绍和销售美妆产品，他经常尝试不同的直播形式。他曾在户外花园进行了一场以“春日美妆”为主题的直播，让观众在欣赏美景的同时，了解最新的美妆潮流。当某部热门电视剧播出时，阿晨迅速策划了一场以剧中角色的妆容为主题的直播，该直播吸引了大量剧迷关注。阿晨巧妙地将时下热点融入直播内容中，让观众在轻松愉快的氛围中感受到直播的新鲜感。

创新是直播的生命力，只要不断探索新的直播场景、带来新的话题和内容，并结合观众的需求和市场趋势，你的直播间就会新鲜感常在，粉丝自然会长久地关注你的直播间。

第四节
技能提升：成为直播领域的专家

当你从直播带货的新手逐步成长为有一定粉丝基础的主播后，如果你想要进阶成为更为成熟、有影响力的主播，甚至成为直播领域的专家，就需要在多方面持续精进。

一、深化对商品的理解，提升选品能力

作为主播，你对商品的理解程度直接影响到你的直播效果。从商品的功能、特点、适用人群到市场定位，你都需要有较深的了解。此外，选品能力也不可或缺。你要能从众多商品中挑选出具有潜力的商品，这需要对市场趋势有敏锐的洞察力。

方法建议

1. 定期参加有关培训，了解最新的市场动态和商品信息。

2. 建立属于自己的商品数据库，对每一款推荐的商品都进行深入的研究和试用。

3. 学会利用数据分析工具，根据销售数据和用户反馈来优化选品策略。

二、提升实时互动技巧与沟通能力

直播的魅力在于实时互动，主播需要具备良好的沟通能力和互动技巧，包括清晰流畅的语言表达、恰当的肢体语言以及应对突发状况的应变能力等，这样才能吸引观众的注意力并激发观众的购买欲。

方法建议

1. 多练习口语表达，注意语速、语调和音量，确保观众能够轻松理解你所讲的内容。

2. 学会以幽默或讲故事的方式讲解商品，增加直播的趣味性。

三、强化营销与推广策略

直播带货归根结底是一场营销活动。主播需要掌握各种营销策略，如优惠券发放、限时折扣、团购等，以吸引更多观众并促成交易。同时，主播还需要懂得利用社交媒体和其他渠道进行推广，扩大自己的影响力。

方法建议

1. 学习并掌握各种营销技巧，如制订促销方案、设计吸引人的广告文案等。

2. 在社交媒体上发布打动人心的内容，提高自己的直播间及相关品牌的曝光度。

3. 与更有名气的主播或品牌合作，共同开展直播活动，实现资源共享和互利共赢。

四、加强团队协作与管理能力

随着直播业务的不断发展，你可能需要组建自己的团队来应对更多的工作。这时，团队协作和管理能力就显得尤为重要。你需要学会带领团队、分配任务、协调资源等，以确保直播活动顺利进行。

方法建议

1. 团队分工要明确，职责划分清晰，确保每个人都知道自己的职责。

2. 定期组织团队会议和培训，提高团队成员的专业能力和协作效率。

3. 学会倾听和尊重团队成员的意见，营造良好的团队氛围。

五、增强自我学习与创新能力

直播行业的发展日新月异，新技术、新玩法层出不穷。作为主播，你需要保持敏锐的洞察力，不断学习和创新，才能在竞争激烈的市场中立足并发展。

方法建议

1. 关注行业动态和新技术发展，及时了解并掌握新的直播技术和工具等。

2. 不断创新，尝试更多的直播形式和内容，不断突破自己的舒适区。

3. 学会从失败中吸取教训，不断调整和优化自己的直播策略。

六、注重个人品牌与形象塑造

主播的个人品牌和形象是吸引观众的重要因素。你需要注重自己的外貌和言行举止，树立良好的个人形象，并通过各种方式提升自己的品牌影响力。

方法建议

1. 注意仪表和妆容，保持良好的形象和气质。

2. 在直播中展现真实、积极、专业的一面。

3. 通过多个社交媒体平台与粉丝互动，建立稳定的粉丝群体，并打造个人品牌形象。

七、培养耐心与毅力

直播带货需要长期坚持和不断付出努力。你可能会遇到各种困难和挑战，但只要有足够的耐心和毅力，就一定能够克服困难并取得成功。

方法建议

1. 保持积极的心态和乐观的态度，面对困难和挑战不轻言放弃。

2. 制订合理的目标和计划，并坚持执行和调整。

3. 学会从失败中总结经验教训，不断提升自己的能力和水平。

王大娘家住农村，世代以种植当地的特色农作物为生。随着互联网的普及，王大娘意识到可以通过直播带货的方式，将自家优质的农作物以及农产品直接销售给有需要的人。起初，王大娘面对镜头时紧张得说不出话来，更别提推销产品了。

但王大娘没有放弃，她开始观看其他主播的直播，学习如何与观众互动，如何介绍产品。她发现，真诚和自然是吸引观众的关键。于是，她开始在直播中分享自家种植农作物的故事，介绍该作物及其产品的营养价值和烹饪方法等，让观众感受到她对土地的热爱和尊重。

王大娘还将自家的农田作为直播背景，让观众能够直观地看到农作物的生长环境。这种原生态的直播方式很快吸引了一批忠实的观众，形成了一批粉丝。之后，王大娘甚至开始尝试直播农作物采摘和农产品的包装过程，让顾客对购买的商品更加放心。

随着直播技能的提升和粉丝数量的增长，王大娘直播带货的农产品销量逐渐上升。那之后，她开始尝试多样化的农产品销售，如季节性的果蔬礼盒、当地美食等。王大娘的直播不仅扩大了自家自产自销的农产品的销售渠道，还为家乡的农产品打响了名气。

直播带货这项事业没有一蹴而就的成功。你只有不断努力和实践，才能在镜头前更加自信，讲述更加精彩，从而让粉丝更加忠诚。保持耐心，坚持下去，你会发现自己不仅在直播技能上会有质的飞跃，在这个充满无限可能的领域里，你还会找到属于自己的一席之地。

第八章

心态与情绪管理：主播的心理调适之道

第一节
心态决定成败：培养积极的直播心态

心态，就像武侠小说中的内功，虽然看不见摸不着，却决定着你在直播带货领域能否坚持下去并一鸣惊人。对于直播带货的主播来说，拥有积极的心态如同拥有了深厚的内功，能够让自己在激烈的竞争中披荆斩棘。

一、自信：你的直播之魂

自信，是每一个在镜头前直播带货的主播最宝贵的品质。没有自信，你的声音可能会颤抖，眼神可能会躲闪，观众自然也难以被吸引。但自信有时并不是天生的，需要通过不断尝试和练习来培养。每一场直播都是你锻炼自信的机会。直播时，让自己的声音更加坚定有力，眼神更加笃定。当你充满自信地站在镜头前，观众会感受到你的气场，从而被你吸引。

二、自我欣赏：为自己注入能量

直播事业是一场马拉松比赛，而不是短跑比赛。在过程中，你需要学会给自己加油打气。每次直播结束后，要回顾一下自己当时的表现，找出自己做得好的地方，给自己加油打气。自我欣赏不仅有助于你提升自信，还能让你保持对直播的热情。记住，每一次直播都是一次挑战和成长的机会，无论结果如何，都值得你为自己点赞。

三、积极面对：把批评变成进步的阶梯

在直播的过程中，难免会遇到一些批评和负面意见。面对这些，你需要保持积极的心态，将它们视为成长的助力。如果有人批评你的声音不够好听，那就去学习一些发声技巧；如果有人对你所讲的内容不感兴趣，那就去尝试一些新的题材和风格。把他人的批评变成你进步和成长的动力。记住，没有谁能够一帆风顺地成功，只有那些敢于面对挑战并积极改进的人才能走得更远。

四、宽容：让直播间保持和谐氛围

作为主播，你会遇到各种各样的观众，他们的观点和意见可能各不相同。面对这些，保持宽容的心态是非常重要的。不要急于反驳或争辩，你要保持冷静，尊重不同的意见，尝试理解对方所说的观点，用平和的语气进行交流。这样，不仅能维护直播间的和谐氛围，还能让你在处理问题时变得更加成熟和理智。

五、坚持自我：做独一无二的自己

每个主播都有自己的特色和风格，这是每个主播的魅力所在。不要因为一些观众的反馈而轻易改变自己。坚持自己的风格，做真实的自己，这样才能吸引到真正喜欢你的观众。记住，你的直播间是你的个人舞台，你是无可替代的主角。只有坚持自我，才能在众多的主播中脱颖而出。

六、平常心：直播中的稳定器

直播带货之路，遇到高潮与低谷都是正常的。要保持一颗平常心，让自己在这些起伏中拥有稳定的心态。无论是某天直播时观众热烈喝彩，还是某天直播时观众寥寥，你都要以平和的心态去面对。这种稳定的情绪不仅能让你在直播中表现更加出色，也能让你在直播之外的生活中保持一份宁静和平和，帮助你逐渐养成更加稳定的情绪，更好地完成直播带货工作。

七、感恩：让每一步成长都充满温暖

感恩是一种美好的心态，它能让你更加珍惜现在所拥有的。对于直播带货的主播来说，感恩的心态尤为重要。无论是支持你的粉丝还是对你提出批评的观众，甚至是某些看似微不足道的瞬间，都值得你去感恩。感恩能让你保持一颗谦卑的心，让你意识到每一次直播的成功都不仅仅是你个人的功劳，而是众多因素共同作用的结果。感恩，可以使你能更好地与观众建立情感连接，也有助于你在直播的道路上走得更远、更稳。

沫沫是一个在直播界崭露头角的主播，她因阳光的形象和积极的心态而深受观众喜爱。她在直播中无论遇到何种挑战，总能保持乐观的态度，从不在镜头前流露出一丝负面情绪。

一次，沫沫的直播间突然遭遇技术故障，画面卡顿，声音断断续续。面对突发状况，她没有表现出一丝焦躁，而是用幽默的话语安抚观众："看来连技术大哥也想跟我互动一下！"这样的话语和心态不仅缓解了观众的不满情绪，还让直播间的气氛变得更加轻松愉快。

沫沫不仅自己心态积极阳光，还经常在直播中帮助观众调整心态。一次，一位观众在评论区留言表示自己最近工作压力大，感到情绪非常低落。沫沫看到后，不仅在直播中鼓励了这位观众，还分享了自己面对困难时的应对策略，教观众如何用积极的心态去面对和解决生活中的难题。她传递出的这种正能量，让许多观众感到温暖。

沫沫的故事证明，一个主播的积极心态不仅能感染观众，还能够成为他们心灵的支柱。在沫沫的直播间里，她就像一束温暖的阳光，总给人以希望和力量。

心态也需要磨炼，见得多了，遇到的状况多了，有了应对的经验，心胸自然就宽阔了，更有包容性了，更能理解他人了。所以，养成积极的直播心态最根本的途径还是要多直播，多与观众互动，全方位练习和提升自己，保持积极的心态并坚持下去。

第二节

应对压力：直播中的压力缓解技巧

主播这一职业，看似四平八稳光鲜亮丽，实则充满挑战。在镜头前，主播不仅要展现自己的专业素养，还要时刻承受来自方方面面的压力。了解这些压力的来源，并掌握相应的缓解技巧，对于你保持好的状态和直播效果至关重要。

一、直播前的准备压力

1 为内容策划焦虑

（1）压力来源：直播前的准备工作是直播成功的基础。主播们在直播前常担心自己的内容策划是否足够吸引人，产品介绍是否能做到详尽到位，以及能否引起观众的兴趣和购买欲望，等等。这种对内容质量的担心，往往会给主播造成巨大的心理压力。

（2）应对策略：为了缓解这种焦虑，主播需要提前在内容方面做好充分准备。主播可以从市场调研开始，了解目标观众的喜好和需求，以此为基础策划直播内容。此外，要制订详细的直播流程，确保直播过程中的每一个环节都能够顺利进行。平时，主播还可以多观看其他主播的成功直播案例，学习并借鉴他们的经验和技巧，从而提升自己的内容策划能力。

2 为技术问题担忧

（1）压力来源：直播过程中如果出现技术方面的问题，如网络延迟、设备故障等，可能严重影响观众的观看体验和直播的效果。对于技术问题的担忧，也是主播们常见的压力来源之一。

（2）应对策略：为了避免因担忧技术问题给自己带来压力，每次直播前主播及团队应提前测试设备和网络，确保直播设备性能良好，网络稳定。此外，主播及团队要制订应急方案，如准备好备用手机、电池、网络热点等，以防万一。在直播前，主播及团队还可以进行一次模拟直播，检查所有环节是否顺畅，及时发现并解决问题。

二、直播中的现场压力

1 与观众互动的压力

（1）压力来源：直播过程中，与观众的实时互动是提升观众参与度以及粉丝转化率、购买转化率的关键。因此，有些主播常担心自己无法及时回应观众的问题或评论，或者在互动中出现失误，从而影响直播效果。

（2）应对策略：为了有效管理自己在观众互动方面的压力，主播可以设置专门的互动环节和专门的问答时间，集中回答观众的问题。

另外，直播团队还可以利用直播助手或者团队成员管理评论区，确保主播能够专注于直播内容的呈现。此外，主播还可以提前准备一些常见问题的答案，以便在直播中快速回应。

2 完成销售目标的压力

（1）压力来源：直播带货的核心目标是销售，因此销售业绩往往是衡量直播成功与否的重要标准。面对销售目标，主播可能会感到巨大的压力，尤其是在销售业绩不如预期时。

（2）应对策略：主播应该设定合理的销售目标，并根据实际情况适时调整。保持积极的心态，专注于提供高质量的直播内容，而不是过分关注销售数字。同时，主播可以通过分析销售数据，找出提升销售金额的策略和方法。记住，每一次直播都是一次学习和成长的机会，不要因为短期的销量波动或销售金额不理想而气馁。

三、直播后的情绪管理

1 销售业绩不理想的压力

（1）压力来源：直播结束后，主播需要对销售业绩进行总结。如果销售业绩不理想，可能会引发主播的焦虑和自我怀疑。

（2）应对策略：主播应该客观地分析销售数据，找出成功和不足之处。对于成功之处，可以总结经验，继续发扬；对于不足之处，可以制订改进计划。重要的是要保持积极的心态，不要过分纠结于一次直播的成败，而是从中吸取经验教训，为下一次直播做好准备。

2 观众负面反馈的压力

（1）压力来源：直播结束后，主播会收到各种各样的观众反馈，包括正面的赞扬和负面的批评。负面反馈可能会影响主播的情绪，甚至影响主播的自信心。

（2）应对策略：主播需要学会正确处理观众的反馈。对于建设性的批评，应该保持开放的心态，从中吸取教训，提升自己。对于无理的负面评论，主播应该学会放下，避免让这些评论过度影响自己的情绪。同时，主播也可以寻求团队成员或者同行的支持，帮助自己有效应对压力。

四、通用的压力缓解技巧

1 呼吸与放松练习

无论在直播前还是直播后，主播都可以进行一些放松练习，如深呼吸、冥想或瑜伽等，来帮助自己放松身心，缓解压力。这些练习能够帮助主播在直播中保持冷静和专注，在直播后快速恢复精力，为下一场直播做好准备。

2 注意时间管理与休息

良好的时间管理技能对缓解压力至关重要。主播应该合理安排直播时间，确保有足够的时间进行准备和休息。在直播间隙，可进行短暂的休息，如散步、听音乐等，以放松心情，缓解疲劳。

3 与同行交流

主播可以与同行建立联系，交流直播经验，互相支持和鼓励。在面对压力时，可以寻求他们的建议和帮助。此外，主播还可以加入与直播相关的社群或者论坛，与更多直播爱好者分享心得，共同成长。

4 保持健康的生活方式

健康的生活方式非常有助于应对压力。主播应该注意饮食均衡，适量运动，保证充足的睡眠。这些健康的生活方式不仅有助于主播保持良好的身体状态，还有助于主播提高抗压能力，保持最佳状态。

5 心理辅导

如果主播感到压力过大，难以自我调节，不妨寻求专业的心理辅导。有时，与专业人士交谈可以帮助主播更好地了解自己的情绪，并找到解决方法。此外，心理辅导还可以提供专业的放松技巧和应对策略等，帮助主播更有效地管理压力。

第三节
收放自如：直播时的情绪管理策略

直播带货，不只是卖货那么简单，更是一场心理较量。主播的情绪就像一根指挥棒，引领着整个直播间的氛围和节奏。一旦情绪失控，不仅会影响自己的发挥，还可能让观众感到不适，从而影响转化效果。因此，在直播时有效管理情绪，是每个主播必须掌握的重要技能。

一、自我认知：了解自己的情绪按钮

不良情绪像不定时炸弹，一旦被触发，场面可能会失控。所以，主播要了解自己，知道哪些话题或评论容易让自己上火。比如，你对“假货”这个词特别敏感，那就提前想好怎么冷静应对。这样，即使直播中有人提起这个词或相关疑问，你也能从容不迫地应对，不至于让情绪搅局。你可以制作一张自己的“情绪地图”，记录下每次直播中让你感到不适的点，然后逐一制订应对策略，如转移话题或者用幽默化解尴尬。

二、正念练习：保持当下的专注

直播前，不要让脑子里的小剧场上演各种自己想象出来的糟糕场景。试试正念练习，如深呼吸、冥想，或者仅仅是简单地闭眼静坐几分钟。这样，你就能清空杂念，把注意力集中在直播上，保持最佳状态。具体来说，可以采用“四－七－八”呼吸法：吸气四秒，屏住呼吸七秒，然后呼气八秒。把这个过程重复几次，你会发现自己变得更加平静和专注。

三、情绪宣泄：找到安全的释放方式

直播前的紧张、焦虑，或者直播后的疲惫、不满，都需要找到出口。有人喜欢跑步，有人爱打沙袋，有人则会以写日记的方式疏解不良情绪。找到适合自己的方式，把心中的负能量释放出去，别让它们累积到直播时爆发。例如，你可以在直播前进行一场短暂的有氧运动，如跳绳或快走，让身体释放内啡肽，帮助你放松心情。

四、积极的心理暗示：用正面语言激励自己

直播前，你可以对着镜子说几句加油的话：“我准备得很充分，我能做得很好！”这样的正面暗示能提升自信，让你在直播时更加从容。记住，自信是最好的妆容，也是最有力的武器。你可以制作一张积极的口号清单，每次直播前挑选一两个重复默念，让这些积极的话语成为你的心理支撑。

五、观众管理：设定界限，避免过度互动

直播时，与观众的互动很重要，但你得掌握尺度。比如，你可以设定规则，只在特定的时间段回答观众问题，其他时间专注于介绍产品。这样，你就能避免被无关的问题或讨论带偏，才能保持直播的节奏和秩序。此外，对于那些恶意评论，要学会忽视，或者用幽默的方式回应，而不是直接对抗，这样可以避免不必要的情绪波动。

六、情绪转移：将负面情绪转化为正能量

直播中难免会遇到不顺心的事，如技术故障或负面评论。这时候，别让这些负面情绪在自己心中占据上风。试着把它们转化为正能量，比如把紧张感转化为对直播的热情。例如，当遇到技术问题时，你可以对观众说："看来我们的直播间人气太旺了，连服务器都有点儿承受不住呢！"这样，你的情绪不仅不会受到影响，反而有可能呈现出更好的直播效果。

七、休息与恢复：合理安排直播时间

直播是个体力活儿，长时间直播很容易让人感到疲惫。所以，你要合理安排直播时间，确保每次直播后都有足够的休息时间，让身心都能得到恢复。只有精力充沛的主播，才能给观众带来最好的直播体验。休息时，做一些能使自己放松身心的活动，如瑜伽、跑步或者听音乐，帮助自己缓解紧张的状态。

小玲在直播带货时遇到一场突如其来的挑衅。直播刚开始不久，就有几位观众进入直播间，用不尊重和挑衅的言语对小玲进行恶意攻击。面对这种情况，小玲并没有情绪失控或回应挑衅。她选择保持冷静，展现了出色的情绪管理能力。

她明白，与心怀恶意的观众争执只会让局面更加混乱。她用幽默和宽容的态度来化解尴尬，调侃道："看来今天有位朋友特别有激情，不过我们的直播间还是更适合分享好物和美好心情哟。"

同时，小玲迅速启动了直播间的禁言功能，暂时屏蔽了挑衅者的发言。她向其他观众解释，这是为了维护直播间的和谐氛围，并希望大家能够共同营造一个愉快的购物环境。

之后，小玲并没有因此分心，她继续专注地介绍产品，与那些真正支持和喜欢她的观众互动。她的专业素养和冷静应对赢得了更多观众的尊重和支持。

直播结束后，小玲并没有让这件事影响自己的心情。她选择了与朋友聊天儿、打理家中的花花草草，让心情恢复平静。

学会调节情绪，不仅是为了在直播中展现最佳状态，更是为了维护个人的身心健康。在快节奏、高压力的直播行业，主播常常承受着来自各方的压力。如果没有良好的情绪管理能力，主播很容易疲惫、陷入焦虑甚至抑郁。通过运用一些调节情绪的技巧，主播可以更从容地应对突发情况，时刻保持冷静和理智，在直播中展现出专业且自信的形象，同时又能保护自己的心理健康。

第四节
长期发展：建立可持续的直播心态

心态决定状态，状态决定成败。主播多如牛毛，但真正能够长久发展的主播却寥寥无几。究其原因，除了专业技能和营销策略外，可持续的直播心态更是成功的关键。

一、敬业精神：把直播当成自己的事业

要想在直播界站稳脚跟，就要真心热爱这件事。把每一次直播都当作展示自己才华的机会，认真准备，全力以赴，像对待自己的孩子一样呵护你的直播间。这样，你的热情和用心自然会感染观众，赢得观众的信任和支持。

二、空杯心态：始终保持学习的姿态

无论你在直播领域已取得多大的成就，都要保持一颗谦逊的心，让自己永远处于学习状态。直播行业更新换代特别快，今天火的东西，

明天可能就过时了。所以，你要时刻准备好学习新东西，接受新观念，这样你的直播才能一直保持新鲜感，才能吸引观众。无论是直播技巧、最新的社交媒体平台功能，还是产品知识，都需要你不断学习。要保持好奇心，让自己的直播永远充满魅力。

三、跨界学习：不断提升自己

直播不只是聊天儿、卖货那么简单，而是需要你具备多方面的技能。所以，不断学习直播技巧、了解产品知识、加强自己的表达能力等，这些都是必不可少的。除此之外，你还要多多涉猎其他领域，如心理学知识、视频编辑技术等，都能在直播中助你一臂之力。例如，了解消费者心理可以帮助你更好地推销产品；掌握一些基本的视频编辑技术可以让你的直播更加专业。总之，你要不断学习，不断提升，让自己成为直播领域的专家。

四、有舍有得：懂得付出与回报的平衡

直播带货需要你投入时间、精力，甚至金钱。但记住，只有先付出，才能有回报。不要急于求成，要有耐心，慢慢积累，最终你会看到成果。可能起初你需要花费大量的时间来准备直播内容，或者投资一些高质量的设备来提升直播效果，但这些都是必要的投入，只有做好这些基础工作，你的直播才能吸引更多观众，从而给你带来更多回报。

五、坚持不懈：面对困难不轻言放弃

直播路上难免会遇到挫折，坚持就是你最宝贵的品质。每次直播结束后，你一定要总结哪里做得好，哪里需要改进。不断调整自己的直播策略，坚持下去，你会看到不一样的风景。可能你的直播在刚起步时观众寥寥无几，但只要你不断优化内容，坚持不懈，总有一天你会拥有自己的忠实粉丝群体。

六、合作共赢：携手团队一起成长

一个人的力量是有限的，要想发展、变强，就得学会合作。和你的团队、合作伙伴一起，共享资源，共同解决问题。在直播过程中，你可能需要摄影师、编辑、营销人员等多方面的帮助。只有团队协作默契，才能让直播效果达到最佳。同时，与其他主播或品牌合作，也能帮助你扩大影响力，吸引更多的观众。记住，一个人可以走得很快，但一群人可以走得更远。

七、珍惜所得：感恩每一次的收获

对于每一次成功，无论大小，你都要心存感激。珍惜观众，因为观众是你的支持者，也是你前进的动力。同时，你也要学会回馈，用你的直播帮助更多的人。当你的直播事业有了起色，不要忘了那些在你起步阶段支持你的人。你可以通过举办一些特别的直播活动来回馈他们，如粉丝见面会、老粉丝抽奖活动等。这样不仅能增进你与粉丝之间的联系，也能让粉丝感受到你的真诚和感恩。

八、回馈社会：用你的成功帮助他人

当你在直播领域取得一定成就后，不要忘记回馈社会。你可以通过公益直播、分享经验等方式，帮助那些需要帮助的人，例如，你可以定期举办一些公益直播，将部分收益捐给慈善机构，或者在直播中宣传一些公益活动。这样，你不仅能够帮助他人，还能让自己的直播事业更有价值和意义。

小刘是一位有着五年直播带货经验的资深主播。在这五年间，他见证了直播行业的起起落落，也经历了个人事业的高潮与低谷。

一次，为了准备一场关于高科技产品的直播，他提前一个月就开始深入研究产品知识，与厂商沟通，甚至亲自体验产品，确保在直播中能够将该产品准确、生动、全面地介绍给观众。他的敬业，让他在直播中赢得大量观众的信任和喜爱。

面对挑战和困难，小刘从不轻言放弃。某年，由于市场环境变化，他的直播间人气一度下滑。但他没有因此沮丧，而是积极寻找原因，调整策略，与团队成员一起努力，最终渡过了难关，直播间的人气也逐渐回升。同时，他也积极培养新人主播，与他们分享自己的经验和技巧，推动整个团队的发展。

一个拥有良好心态的主播，能够与观众建立起深厚的情感纽带，能够在面对挑战时保持冷静与坚韧，在困境中寻找机遇。因此，对于每一位主播而言，建立可持续的直播心态不仅是个人成长的必经之路，也是长期发展的必然选择。

第九章

直播伦理与法律：成为行业模范

第一节

守法直播：遵守相关法律法规，规范言行

直播带货涉及的法律法规可不少，我们需要知道哪些红线不能触碰，规范自己的言行，避免陷入法律纠纷。

一、遵守《网络安全法》，维护直播环境

《中华人民共和国网络安全法》(简称《网络安全法》)是从事直播行业的人士需遵守的基本法，规定了网络运营者应履行的安全保护义务，保护用户的合法权益。作为直播主播，我们有责任确保直播内容健康、积极，不得传播违法信息。

1 内容合规性

直播内容不得展示或暗示任何色情、淫秽图像或行为；不得宣扬暴力行为，包括但不限于斗殴、虐待等；不得传播任何形式的恐怖主义信息或行为；不得散布未经证实的消息或故意制造谣言。

② 隐私权保护

保护观众和他人的隐私权，不得在未经同意的情况下公开他人信息，如电话号码、家庭住址等。

③ 账号安全管理

定期更改账号密码，使用复杂的密码组合，防止账号被盗。不点击不明链接，不下载来历不明的附件，防止账号被黑客攻击。

二、遵循产品质量、产品安全相关法律、法规，确保商品质量

直播带货的商品质量至关重要。在直播前，我们应充分了解商品的性能、用途、规格等信息，确保所推荐商品的质量可靠。在直播过程中，我们应真实、客观地介绍商品的特点和优势，避免出现夸大作用或隐瞒缺陷的言行。如果消费者在购买后发现商品存在质量问题，我们应积极协助处理退换货事宜，保障消费者的合法权益。

① 商品质量标准

确保所有推荐商品符合国家或行业质量标准。对于特殊商品，如食品、化妆品等，应能提供相应的质量检验报告。

② 真实宣传

介绍商品时需呈现准确无误的商品信息，包括材质、功能、使用方法等。不得夸大商品的效果或性能，要如实反映商品实际情况。

③ 售后服务

明确告知消费者退换货政策，确保消费者在购买商品后一旦发现问题能够得到妥善解决。

三、遵守《广告法》，规范宣传行为

直播带货本质上是一种广告行为，因此主播及其所在平台必须遵守《中华人民共和国广告法》(简称《广告法》)的相关规定。《广告法》要求广告内容必须真实、合法，不得有虚假或者引人误解的内容。

1 真实性原则

确保所有广告内容真实可靠，不得有虚假或误导性陈述。分享个人使用体验时，应基于真实使用情况，不得捏造。

2 合法性要求

不得在直播中推介国家明令禁止的产品，如未经批准的医疗产品等。应对所推介的商品的真实性和合法性负责。

四、保护消费者权益，维护行业形象

消费者是直播带货的核心，保护消费者的权益是每个带货主播的责任。根据《中华人民共和国消费者权益保护法》，消费者享有知情权、选择权、公平交易的权利等。

1 维护消费者的知情权

主播要向观众、消费者提供详尽的商品信息，包括价格、成分、使用方法，以及可能存在的风险，如过敏反应等。

2 维护消费者选择权

不得设置不公平的交易条件，如强制捆绑销售等；提供便捷的退换货服务，确保消费者权益。

3 维护行业形象

坚持诚信原则，不进行虚假宣传，树立良好的行业形象。积极参与行业自律，遵守直播平台和行业协会的相关规定。

五、遵守《合同法》，履行合作义务

直播带货往往涉及与品牌方、平台的合作，你及团队需要遵守《中华人民共和国合同法》（简称《合同法》）的相关规定。

① 合同审查

在签订合同前，你要确保自己已理解所有条款，特别是和权利、义务、违约责任等有关的关键内容。必要时，可寻求法律专业人士的帮助，确保合同的合法性和公平性。

② 合同履行

按照合同约定，准时完成直播活动，确保合作方的权益。如遇特殊情况无法履行合同，应及时与合作方沟通，寻求解决方案。

六、遵守直播行为规范，树立良好形象

除了法律法规外，为了维护平台的良好环境，促进直播行业的健康发展，每个直播平台都有自己的规范。

① 遵守平台规范

遵守平台的着装规范，不得穿着过于暴露或不适宜的服装。使用文明语言，不得使用侮辱性、歧视性或低俗的语言。

② 传播正能量

在直播中传播积极向上的内容。通过自己的言行，树立良好的个人形象，为直播行业树立正面典范。

第二节 坚守原则：尊重知识产权

尊重与保护知识产权是直播带货领域中一个至关重要的话题。知识产权包括著作权、商标权和专利权等。在直播带货的过程中，你要避免侵犯他人的知识产权，也要保护自己的创作成果不受侵害。

一、著作权常识速递

著作权是知识产权的重要组成部分，它保护的是著作权所有者在文学、艺术和科学领域内具有独创性并能以一定形式表现的智力成果。在直播带货中，著作权无处不在，从背景音乐到某些展示图片，从视频片段到使用的字体，都可能涉及著作权问题。

（1）使用无著作权限制或已授权的素材：在直播中使用的任何素材，包括音乐、图片、视频等，都应该是无著作权限制的，或者是已经获得了使用授权的。许多网站会提供无著作权限制或免费授权的素材，但你在使用前仍需仔细阅读其授权条款。

（2）订立著作权许可使用合同：如果你想使用某特定素材，可以与著作权人订立许可使用合同，取得授权。例如，音乐著作权可以通过音乐著作权交易平台获取授权。

（3）原创内容优先：主播应注重创作原创内容，这样不仅能避免发生知识产权纠纷，还能提升个人品牌的独特性。

二、商标小知识

商标是用来识别和区分商品或服务来源的标志。在直播带货中，提到品牌名称时，一定要确保不侵犯商标权。

（1）了解商标相关法律法规：作为主播，你需要了解基本的商标法律知识，知道哪些商标可以使用，哪些是碰不得的。

（2）尊重品牌：在直播中提及品牌时，要确保你的表述不会误导消费者，避免使用可能引起误解的商标名称或标识。

（3）合作授权：如果有必要，与品牌方建立合作关系，获得正式的商标使用授权。

三、专利保护指南

如果你的直播带货涉及科技产品，对专利问题的确认尤为重要。

（1）了解产品的专利情况：在销售产品前，要了解该产品是否拥有专利，或者是否侵犯了他人的专利。

（2）避免销售侵权产品：如果你发现你直播带货的产品可能侵犯了他人的专利，应立即停止销售，并寻求专业的法律意见。

（3）申请专利保护：如果你设计、生产的产品具有创新性，可以考虑申请专利保护，这样不仅能防止他人侵权，还能提升产品的市场竞争力。

四、维护自己的知识产权

在直播时，也要保护好自己的知识产权。

（1）注册商标：如果你有自己的品牌或标识，一定要注册商标，这样才能得到法律的保护。

（2）申请知识产权：对于你自己原创的直播内容，如脚本、视频等，可以申请知识产权登记，一旦发生纠纷，能有据可依。

（3）监控市场：定期检查市场上是否有侵犯你的知识产权的行为，一旦发现，要及时采取必要的措施。

五、多途径维权

（1）协商解决：如果发现他人做出侵犯自己的知识产权的行为，可以先尝试与对方协商解决，以和为贵。

（2）法律诉讼：如果协商无效，可以通过法律途径解决，比如通过律师发起诉讼，维护自己的权益。

（3）公开维权：在适当时机，可以通过媒体或社交平台公开维权，提高公众对知识产权保护的意识。

某贸易公司合法获得了某知名品牌的独家使用权。然而，他们注意到，某工艺品公司在一个爆火的直播平台上进行了一场直播，销售了两款带有该品牌标识的手提包。贸易公司认为，该工艺品公司销售这些手提包并未获得贸易公司的授权，该直播销售行为侵犯了其商标权。

为了维护自己的合法权益，贸易公司将工艺品公司和直播平台运营商一同告上了法庭。贸易公司认为，工艺品公司未经授权的销售行为违反了商标法，而直播平台作为运营商，未能履行合理的注意义务，应当承担连带责任。

法院在审理此案时，确认工艺品公司销售的商品侵犯了商标专用权，构成了侵权行为。经过调查，法院认为直播平台已经履行了事前审核、提示以及事后及时处置等措施，尽到了合理注意义务。该案件的结果是，工艺品公司被判决赔偿贸易公司经济损失及合理开支。

作为直播带货的主播，你应该成为知识产权的守护者，合法、合规地进行直播带货，同时也要积极维护自己的知识产权，维护健康、公平的直播带货环境。毕竟，行业好，我们的事业才能更好。

第三节
道德直播：传递正能量

作为主播，你直播时的每一句话、每一个动作都可能影响到观众，因此，你一定要注意自己的言谈举止以及传播的思想观念，要传播正能量。

一、展现生活中的真善美

在直播中，你应该传递积极向上的价值观。诚实守信是你直播带货时应该坚持的原则。在介绍商品时，你应该如实描述商品的特点、用途等实际情况，不夸大其词，也不隐瞒任何商品可能存在的缺陷。

此外，你还可以分享那些积极、正面的事情。比如，你可以讲述某次你帮助陌生人的经历，或者是你克服困难的故事等，这些能够让观众看到生活中的美好，感受到你的善良、执着等美好的个性。

在直播中，你可以向观众展现出你对生活的热情和对梦想的追求。比如，你可以分享你是如何不断寻找、创造机会努力学习新技能的，或是如何从一次失败中重新站起来的。你可以鼓励观众不断学习，鼓励观众追求自我成长。

二、理性消费，绿色生活

在直播中，你应该引导观众理性消费，避免盲目跟风和过度消费。此外，你还可以推荐一些环保产品，或者是分享一些节约资源的生活小贴士等。通过这种方式帮助观众建立正确的消费观念，推广可持续的生活方式。

三、热爱祖国，尊重多元文化

在直播中，你可以多多宣传中华优秀传统文化，如向观众讲述有关中国传统节日的故事，或是分享一段中国历史文化等。同时，你还应该尊重多元文化，避免文化偏见。比如，你可以分享你在国外旅行的经历，讲述你是如何尊重和欣赏当地文化的。

四、每个人都值得尊重

在直播中，你应该平等对待观众，当有观众在直播间提问时，你应该耐心回答，给予他们应有的尊重。同时，你还应该保护观众的隐私，比如，你可以在直播间进行隐私设置或设置某些规则，禁止发布他人的个人信息等。

五、保持直播内容的健康，杜绝色情低俗

保持直播内容健康是主播的责任。首先，你要在直播中避免使用低俗、色情或暴力的语言和图像，不传播有害信息。其次，你还需要监管直播间的弹幕和评论，及时处理评论区中的不当言论。你可以对一些关键词进行过滤设置，确保直播内容对所有观众都是适宜和健康的。

某主播在直播带货某品牌化妆品时，在直播过程中的低俗表现一度成为舆论的焦点，她的行为不仅损害了品牌形象，也引起了消费者的强烈反感。

“媚丑”现象不仅违背了直播带货的初衷，影响了消费者的购物体验，还破坏了健康的网络环境，对未成年人的价值观形成尤其有害。专家和行业人士认为，除了在法规方面对这类现象进行约束，还需要全社会共同努力，形成自觉抵制低俗内容的风尚。

主播应该时刻牢记自己的道德底线和社会责任，用自己的一言一行传递正能量，树立行业新风。即便你只是一个初出茅庐的小主播，但你同样是这个行业的一分子，你的每一个小小的正向举动，都有可能成为推动整个行业进步的巨大力量。

第四节 爱惜羽毛：带货主播的自我修养

主播当久了，在追逐流量和收入的道路上，有可能出现迷失自我的情况，失去清醒的头脑和坚定的信念，导致形象受损，事业陷入困境。为了避免此类情况的发生，你必须践行以下几点，以使自己能长远发展。

一、谨言慎行：直播事业行稳致远的关键

口无遮拦，会给主播带来毁灭性的打击。例如，某知名主播在直播中因对某个敏感话题发表不当言论，引发网友的强烈反感。尽管他事后道歉并解释是口误，但网友们并不买账，纷纷表示失望并取关。这一事件不仅导致该主播的粉丝数量大幅下降，更影响了他在业内的口碑。可见，口无遮拦对于主播来说是一种极其危险的行为。

在直播中，主播应该时刻保持谨慎和理性，日常应该加强自己的知识素养和储备，提高自己的语言水平，用更有深度和见解的内容吸

引观众。

谨言慎行是主播必须遵守的原则，只有用心经营自己的形象和口碑，才能在直播带货的江湖中立足并长久发展。

二、坚守初心：利益诱惑下不失本心

有时，面对高额的佣金和诱人的合作条件，一些主播可能会为了利益而妥协，可能会选择与不良商家合作，推广质量低劣的产品，甚至为了赚取更多的佣金而不顾消费者的利益。

这种短视行为往往会带来严重后果。消费者一旦发现自己被欺骗或自己的利益受到损害，不仅会对主播失去信任，还会在社交媒体上发泄不满，有可能对主播的声誉造成毁灭性的打击，最终导致主播的职业生涯完结。

因此，主播在面对利益诱惑时，必须坚守初心，保持清醒的头脑，始终牢记自己的职责和使命，把消费者的利益放在首位，坚持只推广优质、可靠的产品。同时，主播对市场也应该保持敏锐的洞察力，及时发现并拒绝不良商家的合作邀请，维护自己的形象和信誉。

三、保持谦逊：自我膨胀易招反感

主播一旦自我膨胀，就会对自己的能力和成就过度自信，对他人则持有轻视和傲慢的态度，可能会在直播中炫耀自己的成绩，贬低其他主播或观众，甚至对合作商家提出无理要求。主播如果有这些行为，不仅会让观众感到不舒服，也会让其他主播和商家对其产生反感。

事实上，自我膨胀是一种极其危险的心态。它不仅会让主播失去谦虚和学习的态度，也会导致其在面对挑战和困难时变得脆弱和不堪一击。在竞争激烈的直播带货行业中，没有谁能够永远保持领先地位，只有保持谦逊和学习的态度，虚心接受他人的建议和批评，才能使自己在市场的变化和挑战中常立于不败之地。

四、独立思考：盲目跟风难成大器

有些主播看到某个话题或产品走红便纷纷效仿，盲目追求热点，忽略了独立思考和创新的重要性。他们可能认为，只要跟着热门话题或推荐流行产品就能轻松地吸引观众和流量。

殊不知，盲目跟风容易导致内容同质化。当大量主播都在追逐同一个热点时，观众很快就会产生审美疲劳，对类似的内容失去兴趣。这意味着，主播只是暂时获得了一定的关注度，却难以保持观众的黏性。

同时，盲目跟风也意味着主播忽略了自身的特点和优势。每个主播都要认识到：自己有自己的独特之处，只有充分发挥自己的优势，才能在这个领域形成独特的竞争力。

某位主播因其独特的风格和亲和力迅速走红，随着名声和收入的增长，他的态度出现了明显转变。

在一次直播中，这位主播面对观众的合理质疑，没有展现出以往的耐心和专业，没有提供详细的解释，而是以一种傲慢和轻视的态度回应，说出了类似“你们这些人呀，就是不努力工作”这样的话语。主播这种不尊重消费者的行为，立即引发了观众的强烈不满。

这一事件迅速在社交媒体上发酵，在公众的强烈抗议和许多自媒体的持续关注下，官方媒体也注意到了这一事件，并对此进行了报道和批评。主播的这一行为被视为对消费者权益的蔑视，以及对直播行业规范的无视。这位主播的粉丝数量急剧下降，商业合作机会也受到了影响。

直播带货的路上你会遇到许许多多的诱惑和挑战，但请记得，你不仅仅是在卖货，更承载着观众、消费者的信任和热情。每一个点赞、每一条评论，都是大家对你的支持和认可。所以，请不要迷失在数据的海洋里，不要忘记初心，而要始终坚守与观众之间的真挚情感。因为，真正的成功，不是破亿的销售额，而是那些愿意一直信任你、跟随你、陪伴你的观众。